1% 금리시대 노후투자법

월급처럼 꼬박꼬박 돈이 들어오는

1% 금리시대
노후투자법

| 박연수 지음 |

페가수스

/추/천/사

서정헌 _ SJH 빅데이터 경영전략연구소장

저자가 내게 대한민국 4050 세대의 노후준비 현황에 대해 물어왔다. 그의 질문들이 훌륭한 결과물이 되어 책으로 나오니 나도 이 책에 조금이나마 힘을 보탠 것 같아 뿌듯하다. 저자와 나는 10년 터울이지만 친구처럼 지내는 사이다. 그가 생각하는 노후준비에 나도 기꺼이 동참하고 싶다.

구병주 _ 공인회계사, 삼화회계법인 대표

저자와는 서울대 AIP 과정에서 동문수학하던 사이다. 당시 그는 30대 후반의 청년사업가였고, 나는 40대 중반이었다. 그로부터 15년이 지났지만 나는 여전히 현업에서 활발하게 활동하고 있다. 책속에 "일하는 것 이상의 노후준비는 없다."는 말이 나오는데, 나 역시 이 말에 공감한다. 언제까지 일을 계속하게 될지 모르지만, 건강관리를 잘해서 최대한 나의 노동 수명을 늘리고 싶다.

추광후 _ 베스코 디벨로퍼 앤 컨설팅 대표이사

저자는 자기 아들 또래의 20대 청년부터 윗세대에 이르기까지 누구와도 잘 소통하는 사람이다. 그는 남의 얘기를 잘 듣는다. 이 책에 나이 들수록 남의 얘기를 잘 듣고 살아야 주변 사람이 떠나지 않는다는 대목이 나오는데, 나는 그가 이를 실천으로 보여주는 사람이라고 생각한다.

김경 _ 아이리치코리아 대표이사

친구이자 동료로 그와 알고 지낸지 30년이다. 사람은 나이가 들수록 욕심을 내려놓고 살아야 한다는데, 나는 여전히 일에만 파묻혀 사는 게 아닌가 싶을 때가 있다. 이 책이 내 삶의 의문점을 해결해준 것 같아서 반갑고, 큰 위로를 받았다.

김춘식 _ 휴먼네트워크 대표
나이가 들수록 경제적인 고민 못지않게 고립에 대한 걱정도 커진다는 사실을 느끼게 된다. 저자와 대화를 나누면서 공감한 것 중 하나는 인적 네트워크를 탄탄히 하는 것이 노후를 행복하게 지내는 중요한 요소 중 하나라는 사실이다. 저자의 고민과 진심이 독자들에게 전해지기를 바란다.

최택규 _ 매일경제TV 시황분석연구원
스무 살 시절부터 알고 지낸 사이라서 누구보다 그를 잘 안다. 그는 세상을 함께 살아가는 사람들에게 관심이 많다. 요즘 들어 그는 자신의 분야를 넘어 세상에 대한 다양한 주제의 글을 쓰고 싶어 한다. 돈을 주제로 한 이 책을 읽으며 머리보다 마음이 더 움직인 이유도 그런 까닭이 아닌가 싶다.

조원희 _ 마케팅 소통 전문가
나는 베이비붐 세대의 막내쯤에 해당하는 나이다. 나 스스로 부모님을 모시고 살아야 한다는 생각을 가지고 있지만, 내 아이에게 노후를 맡길 생각은 하지 않는다. 어찌 보면 선배 세대보다 내가 더 노후준비가 필요할 것 같다. 돈도 없고 의지할 곳도 없이 나이 드는 것처럼 불행한 일도 없을 테니 말이다.

황승환 _ 출판 크리에이티브 디렉터
그에게 이런 질문을 했던 기억이 난다. "노후준비에서 가장 중요한 게 뭐라고 생각하십니까?" 그의 답은 "일"이었다. 사람에게 일을 통한 경제적 보상의 고리가 끊어지면 소중하게 생각하는 가치들을 잃게 된다는 것이 그의 생각이었다. 나 역시 그의 생각에 전적으로 공감한다.

/차/례/

프롤로그

대   담_ 박연수의 노후투자 즉문즉답

1부 1% 금리시대의 노후준비는 다르다

저축의 시대가 가고 투자의 시대가 온다 / 36

퇴직연금 수익률 0%, 미치고 환장할 노릇 / 44

두려워 말고 수익률이 높은 쪽으로 움직여라 / 49

주택연금은 사기다 / 54

간접 투자 상품과 이별을 고하라 / 59

정기예금에 대한 미련을 버려라 / 67

기업을 알아야 돈이 보인다 / 76

추락하는 금리에는 날개가 없다 / 82

원룸은 1% 금리시대 최고의 상품이다 / 86

2부 종자돈 5천만 원으로 시작하라

5천만 원으로 시작하는 노후준비 4단계 / 96
금리는 예전처럼 오르지 않는다 / 102
변화를 읽으면 투자의 방향이 보인다 / 105
부동산은 끝나지 않았다 / 116
버려야 할 통장, 쥐고 있어야 할 통장 / 121
스튜디오 주택의 장점과 단점 / 134
스튜디오 주택은 왜 돈이 되는가 / 138
스튜디오 주택이 셰어하우스로 진화한다 / 143
기준금리에 따라 돈이 춤을 춘다 / 146
가장 훌륭한 노후준비는 자기계발이다 / 150

3부 원룸투자의 기회를 잡아라

도심권 외곽으로 나갈수록 수익률이 높다 / 156
임대수익을 굴리면 돈이 눈처럼 커진다 / 159
부동산 시장의 양극화에 주목하라 / 162
대학가 주변은 서울과 지방이 따로 없다 / 166
실전 투자 사례를 보면 갈 길이 보인다 / 170
1기 신도시의 소형 아파트를 잡아라 / 176

강남의 신축 오피스텔은 투자수익률이 낮다 / 180
임대수익률을 과학적으로 계산하는 법 / 183
독신자는 노마드형 인간이다 / 187

4부 오피스텔 투자수익률 높이는 법

주거용 오피스텔이냐 업무용 오피스텔이냐 / 192
불황에도 끄떡없는 주거용 오피스텔 / 196
아파트와 오피스텔은 전용면적이 다르다 / 200
공급 과잉을 걱정할 단계가 아니다 / 203
비싼 오피스텔이 좋은 오피스텔은 아니다 / 207
값싼 오피스텔이 투자수익률은 좋다 / 210
임대소득 합법적으로 적게 내는 법 / 213
고시원에는 고시생이 없다 / 217
오피스텔 투자 성공 매뉴얼 / 220
아무도 말하지 않는 도시형 생활주택의 비밀 / 225
다중주택 투자는 어떻게 해야 할까 / 228

에필로그_ 마음을 비우면 행복해진다 / 232
부　　록_ 소액으로 매입할 수 있는 투자유망지역 / 237

/프/롤/로/그

사람들은 말한다. 오늘날의 가난은 게으름 때문이 아니라 잘못된 경제구조 때문이라고. 그렇다. 해방 후 한국경제는 약 358배나 성장했다. 한국경제의 눈부신 성장은 이전 세대 그리고 지금 세대가 각자의 일터에서 열심히 일한 결과의 총합이다. 그런데 정작 우리 세대 대다수는 노후를 심각하게 걱정하는 상황이다. 무엇이 잘못된 걸까? 1인당 국민소득이 3만 달러에 육박하고 있는 데도 대다수 국민들이 노후문제로 걱정하고 있는 이유는 무엇일까?

대한민국은 노인복지 빈국이다. 경제 선진국 클럽이라는 OECD 가입국인 대한민국은 여타 국가들이 대부분이 시행하고 있는 공적연금 대신 사설펀드와 별반 다르지 않는 국민연금을 강제로 가입하게 하고 있다. 그러나 그 수급률은 최저 생계비에도 못 미친다.

현재 국민연금 평균 지급액은 32만 원이다. 이 돈으로는 행복한 노후준비는커녕, 다른 소득이 없으면 당장의 끼니를 걱정해야 한다. 병들고 힘

없는 노인들에게 돈 없는 것만큼 서러운 일이 어디 있을까? 노후를 여유롭게 지낼 돈이 없으니 은퇴자들 60% 이상이 퇴직 후 일자리를 찾는 것 아니겠는가? 그러나 그 일자리를 찾기가 쉽지 않다. 어렵게 일자리를 구했다고 해도 자신의 업력과 상관없는 단순노동이 대부분이고, 급여는 최저임금 수준이다. 상황이 이렇다보니 벌어놓은 돈 없이 노후를 맞이하는 사람은 고민이 더 깊어질 수밖에 없다. 현재 65세 이상 노인인구 절반에 가까운 49%가 상대적 빈곤 상태에 있다. OECD 국가의 평균 노인빈곤률 13%의 네 배 가까운 수치다.

지금부터 노후준비를 계획하고 실천하지 않으면 누구나 그 처지가 될 수 있다. 노후생활의 '생명줄'이라고도 할 수 있는 국민연금의 평균수급액은 가입자 평균소득의 약 18%에 불과한 형편이다. 40년간 국민연금을 꼬박꼬박 내도 65세가 넘어서 받는 수급액의 소득대체율이 겨우 40%다. 문제는 대다수 사람들의 국민연금 납입기간이 20년 정도에 불과하기 때문에 소득대체율이 20% 남짓밖에 되지 않는다는 점이다. 아무리 노년의 생활비가 적게 든다고 해도 한창 일할 때의 20%밖에 되지 않는 돈으로는 노후 빈곤을 피할 수 없다. 그 돈으로는 아무런 소비 행위도 하지 못하고 집에서 밥만 해먹으면서 지낼 수밖에 없다. 자연수명은 점점 길어지는데 돈 나올 구멍은 없는 것이 은퇴자들의 현 주소다.

나는 가끔 일 때문에 탑골공원 쪽에 간다. 그곳에서 마주치는 수많은 노인들, 추운 날이면 종로3가 지하철역 1호선 출입구 근처 200평 남짓한 공간에 처량하게 앉아 있는 그들을 보게 된다. 나 역시 10년 뒤 마찬가지 모습으로 그곳에 있을 수도 있다. 지금부터라도 노후계획을 알차게 세우지 않는다면 말이다.

자연수명의 연장으로 노후생활은 인생의 2막이 시작되는 시점이라고 하지 않던가? 그러나 준비하지 않은 채 맞이하는 노후는 의미 없이 봄, 여름, 가을, 겨울을 반복하다 무덤으로 가는 길이 될 뿐이다. 이제 남은 것은 결정뿐이다. 아무 준비 없이 노후를 비참하게 보내다가 인생을 끝낼 것인가, 지금부터라도 심기일전하여 노후준비에 적극적으로 나설 것인가? 당신이라면 과연 어떤 선택을 하겠는가?

만약 당신에게 5천만 원이 있다면 노후준비를 완벽하게 끝낼 수 있을까? 아마도 말이 안 되는 이야기라고 대답하는 사람이 대부분일 것이다. 5천만 원을 은행 정기예금에 투자하면 매월 이자로 10만 원도 받을 수 없는 것이 현실인데, 어떻게 5천만 원으로 노후준비를 완벽하게 끝낼 수 있다는 말인가?

현재 한국은행 기준금리는 1.50%다. 이 금리를 기초로 예금금리가 결정되는 은행이나 보험사 저축상품의 수익률은 물가상승률을 감안하면 사실상 마이너스다. 이 상품들에 가입하는 기간이 길어질수록 가처분 소득이 늘기는커녕 손해만 커지는 꼴이라는 뜻이다. 그것이 연금 상품이든, 예·적금 상품이든 상관없이 말이다. 그러나 금리가 낮다는 것이 반드시 불리하다고만 할 수는 없다. 금리가 낮아지면 예금금리뿐만 아니라 대출금리도 낮아진다. 낮은 금리로 대출받아서 그 이상 수익이 나는 곳에 투자한다면, 금리가 떨어져서 갈 곳을 잃은 돈이 당신이 가진 부동산과 주식을 들썩이게 만든다면 말이다.

　투자에는 절대적 가치가 존재하지 않는다. 경제의 흐름에 따른 상대적 가치가 존재할 뿐이다. 이런 관점으로 투자의 경계를 두지 않는다면, 초저금리 시대에도 10% 이상의 수익을 올리는 일이 그리 어렵지만은 않다. 투자에 대한 코페르니쿠스적 사고의 전환이 필요한 시점이다. 그렇다고 해도 5천만 원으로 노후준비가 완벽하게 준비되는 것은 아니다. 5천만 원을 투자해서 연 10%의 수익률을 달성한다고 해도, 한 달에 40만 원 조금 넘는 수준이기 때문이다. 만약 5천만 원 정도의 여윳돈이 없어서 대출을 받아 투자해야 하는 경우라면, 대출이자까지 공제해야 하기 때문에 수익률이 더 낮아진다.

　현재 공무원, 군인, 교사들이 받는 특수직 연금의 소득대체율은 70% 수준이다. 이들은 이 연금에 상당히 만족하고 있다. 이를 기준으로, 노후에 필요한 생활비를 현역시절 소득의 70%라고 가정하고 이를 채우는 방법을 생각해보자.

　먼저 국민연금에서 현역 시 소득의 20%를 채운다. 그런 다음 5천만 원의 현금으로 40% 이상의 소득을 마련하자. 나머지 부족 자금은 부정기적인 근로소득을 발생시켜서 채우는 형식으로 현역 당시의 소득대체율 70%에 도전해보자. 이렇게 하면 누구나 큰 어려움 없이 도시 근로자 가구 평균소득의 70%까지는 만들어낼 수 있다. 결론적으로 5천만 원의 기적은 누구나 상식선에서 자산을 관리하면 가능하다는 얘기다. 그런 의미에서 5천만 원으로 노후준비를 끝낸다는 말은 거짓이 아니다.

한 가지 말하고 싶은 것이 있다. 돈을 장롱 속에 처박아두는 한이 있더라도 은행이나 보험사의 연금 상품에 묻어두지는 말라는 것이다. 이들 상품은 가입 기간이 길어질수록 이자와 물가상승률 간의 갭이 커져서 노후를 더 가난하게 만들 뿐이다. 이 말을 흘려듣지 말고 꼭 기억해두기 바란다. 이 말을 하면서도 마음이 편치만은 않다. 금융권에서 퇴직한 친구나 동료들 중 많은 사람들이 은퇴 후 보험영업에 뛰어들었다. 주변에 이 일을 하는 사람들이 많은데, 노후준비자금을 보험사 연금 상품에 묻어두지 말라고 하니, 이 책을 혹시라도 내 지인들이 본다면 섭섭하게 생각 할 수도 있을 것 같다.

저축상품은 만기 시에 받게 되는 세후 이자를 기준으로 좋다 나쁘다를 평가한다. 그런 면에서 현재 은행이나 보험사의 저축상품은 금리 경쟁력이 크게 떨어진다. 객관적으로도 상대적으로도 그렇다. 따라서 이를 대체하는 다른 투자 상품을 모색하는 것이 올바른 경제행위라 할 것이다. 돈도 자동차처럼 수시로 기름칠을 하고 움직여야 한다. 더 높은 이자를 찾아서 부지런히 이동해야 돈이 눈덩이처럼 불어난다.

은행에 돈을 묻어둔 사람들이 이자 때문에 한 숨 쉬는 지금, 경제 흐름을 읽고 기업이 발행하는 다양한 고수익 유동화증권, 독신가구를 대상으로 하는 스튜디오 주택에 투자해서 은행 이자의 5배, 10배의 수익을 올리는 사람도 꽤 많다. 은행만 고집하는 자산 운용 방식은 편하다는 이유로 동네 편의점만 고집하는 것과 같다. 동네 편의점보다 상품 종류도 다양하고 저렴하게 파는 곳이 얼마나 많은가? 금융거래도 다르지 않다. 금융 상품의 전문점이라고 할 수 있는 종금사, 증권사 창구를 이용하면 은행 예금 이자보다 훨씬 나은 고수익 상품이 즐비하다.

민간 금융회사에서 파는 금융 상품은 이름이 아니라 만기에 수령하는 이자로 상품의 우위를 결정해야 한다. 그런 측면에서 은행이나 보험사의 상품들은 세후 수익률이 한국은행 기준금리에도 못 미치고 가입기간도 길다. 이런 상품의 가입기간이 길다는 건 시간이 지날수록 손실이 눈덩이처럼 커진다는 것을 의미한다. 지금 당신이 가지고 있는 은행, 보험사의 저축성 상품만 없애도 노후준비를 위한 재테크의 절반은 성공하는 셈이다.

소액으로 투자 가능한 상품들의 수익률(세금 공제 전)

투자 상품	투자수익률
은행예금	1%~2% (매월 이자가 지급되는 단리식)
보험사 저축상품	2% (가입기간 5년 후부터 원금보장, 연금 포함)
종금사 발행어음	2%~3% (매월 이자지급형)
채권	2%~10% (회사채 기준. 증권사 장외매물)
저가 소형 오피스텔	8%~12%

위 내용은 운용에 따라 수익률이 크게 달라지는 펀드형 상품이나 주식을 제외하고 원금보장이 거의 확실하고 매월 이자가 발생하는 상품들의 평균수익률이다. 원금보장이 확실한 상품 중에는 기업어음·표지어음·환매조건부 채권·자산유동화 기업어음 등이 있지만, 이들 상품은 단기

투자 상품으로 노후준비 상품으로는 적합하지 않다.

　채권투자의 수익률 편차가 심한 이유는 채권을 발행하는 주체의 신용등급에 따라 수익률이 크게 달라지기 때문이다. 초우량 기업인 삼성전자가 발행하는 회사채와 투자 적격 신용등급을 간신히 통과한 코스닥 기업의 회사채 발행금리는 크게 차이날 수밖에 없다. 이는 은행이 대출자의 신용등급에 따라 차등금리를 적용하는 것과 같은 이치다.

　수익률과 안정성을 고려할 때, 현재 시점에서 가장 괜찮은 상품은 일산, 중동, 안산, 시흥 등에 자리 잡고 있는 대규모 오피스텔 단지 내의 저가 소형 오피스텔이다. 저가 소형 오피스텔을 매입한 후, 이를 담보로 낮은 금리로 대출받아 투자 물건을 더 늘리면 레버리지 효과가 발생해서 수익률을 더 키울 수 있다. 투자, 아무리 저금리라 해도 눈을 열고 세상을 넓게 보면 기회가 많다.

　은행이나 보험사의 금융 상품만 바라보는 제한된 프레임에서 벗어나라. 이들 금융회사가 판매하는 상품은 그것이 무엇이든 미래에 발생할 가처분 소득을 포기하는 일이다. 지금 당신에게 필요한 것은 가처분 소득이 지속적으로 커질 수 있는 상품을 선택하는 일이다.

대담 박연수, 조원희(마케팅 소통전문가)

조 노후재테크를 이야기하게 된 동기부터 말씀해주셨으면 합니다.

박 사실 이 책은 내가 나 자신에게 묻고 싶은 이야기입니다. 어느 새 나이가 50대 중반에 이르다 보니 노후생활에 대한 걱정이 늘더군요. '그렇다면 어떻게 노후를 준비해야 할까?' 하고 고민하다가 방법을 찾기 시작했습니다. 오랫동안 금융 관련 일을 해온 나도 이 정도인데, 일반인들은 얼마나 고민이 크겠나 싶었습니다.

조 은행이나 보험사의 금융 상품에 대해 무척 부정적으로 말씀하셨는데, 그 이유는 무엇입니까?

박 사람은 물적 토대가 바뀌면 생각이 변한다고 합니다. 저도 한 때 금융회사에서 일했던 사람인데, 금융회사에 대해 나쁘게만 생각하겠습니까? 그러나 회사를 그만두고 관찰자 입장에서 금융시장을 바라보니 사람들의 금융소비가 지나치게 은행, 보험사, 펀드상품에 길들여져 있다는 생각을 하게 됐습니다. 자산을 증식한다는 관점에서 '과연 이렇게 해도 되는 걸까?' 하는 문제의식을 가지게 되었습니다. 투자의 안정성과 환금성이 등가라면 굳이 상품의 경계를 둘 필요가 없다는 것이 제 생각입니다. 요즘처럼 은행 정기예금 금리가 1% 대인 시대에는 더욱 더 그렇습니다.

조 금리가 낮아도 너무 낮은데, 금융권에 근무하시는 동안 요즘처럼 금리가 낮은 적이 있었나요?

박 당연히 없었죠. 간극이 너무 커서 믿으실지 모르겠지만, 90년대 초반 당시, 제가 근무하던 금융회사의 정기예금 금리가 연간 복리로 15%가 넘었습니다. 당시 투금사(종금사의 전신)의 기업어음 금리는 그 이상이었습니다. 대기업이 발행하는 회사채의 증권시장 내 유통 수익률도 15%가 넘던 시절입니다. 그런데 지금은 시장금리가 1%대니, 정말 알다가도 모를 일입니다.

그때는 자산관리가 단순했습니다. 여유자금이 생기면 정기예금이나 투금사의 시장 실세형 단기상품에 투자하면 됐거든요. 다른 생각은 할 필요가 없었습니다. 얼마 전 자료를 보니, 은행예금에 투자해서 원금의 두 배가 되려면 40년이 걸린다고 하더군요. 그 당시에는 투자 원금의 2배가 되는 기간이 5년이었습니다. 예금 할 맛이 났죠. 그러나 지금은 그럴 수가 없습니다. 그래서 사람들 머리가 복잡해지는 거 아닐까요?

조 한국은행 기준금리 1%대인 지금, 은행예금이나 보험사의 저축성 상품에는 투자하지 말아야 한다고 하셨는데, 왜 그런가요?

박 저는 투자 상품에는 절대적 가치가 없다는 말을 종종합니다. 시장금리가 높다면 은행의 예금상품도 경제성이 올라갑니다. 최근 들어 여윳돈이 많은 사람들을 중심으로 금 투자가 늘고, 주가도 뛰고, 부동산마저 들썩이는 이유가 뭘까요? 낮은 금리 때문에 은행권에서 이탈한 자금이 주식이나 부동산, 금 투자로 몰리기 때문입니다. 그래서

"투자 상품의 가치는 경제흐름에 따라 변한다. 그래서 상대적이다."라고 말하는 것입니다.

제가 역으로 질문을 하나 해보겠습니다. 요즘 같은 저금리 시대에 은행이나 보험사의 저축상품에 가입해야 할 이유가 있나요? 2015년 5월 기준으로 우리나라 대형 은행들의 정기예금 금리가 평균 1.7%도 되지 않습니다. 여기서 이자소득에 대한 세금 15.4%를 빼고, 물가상승률까지 감안하면 은행 예금금리는 실질적으로 제로입니다. 보험사 저축상품은 말하기도 뭣한 수준이고요.

투자 상품이란 어디서 파느냐가 중요한 것이 아니고, 안정성과 수익성을 저울질해서 자신에게 유리한 쪽을 택하는 것이 중요한 거 아닌가요? 그런 측면에서 볼 때 이들 상품은 지금의 금융환경에서는 경제성이 전혀 없다는 말을 하고 싶은 것입니다.

조 은행 상품의 대안으로 채권과 수익형 임대 부동산을 말씀하셨는데, 너무 상투적인 대안이 아닌가요?

박 맞습니다. 상투적이죠. 그러나 아무도 모르는 투자비법이라는 게 세상에 존재할까요? 투자는 방향입니다. 방향이 시장의 흐름과 같다면 그 다음은 개인의 노력에 따라 달라진다고 생각합니다. 운도 따르면 좋겠죠. 이 책의 중요한 미션 중 하나는 개인의 생명줄 같은 노후자금을 안정적으로 늘려서 노후생활에 경제적인 도움을 주는 것입니다. 그런 면에서 은행권 상품 수준의 안정성이 있고, 상대적으로 높은 확정수익률을 보장받을 수 있는 상품이 이들 상품이라고 생각하고 있습니다.

조 채권은 그렇다 쳐도 수익형 임대 부동산은 현금자산이 적은 중산층과 서민들이 투자하기 힘들지 않을까요?

박 그렇죠. 주요 지역의 상가 3.3m^2당 가격이 수천만 원을 넘는 것이 현실입니다. 그러나 수익형 임대 부동산이 상가만 있는 건 아닙니다. 이 책에서는 최근 급증하고 있는 독신가구를 대상으로 하는 임대주택을 주로 이야기하고 있습니다.

조 독신가구를 위한 임대주택도 투자금이 많이 들기는 마찬가지 아닌가요?

박 그 말도 틀리지는 않습니다. 주요 역세권이나 대학가 주변의 다가구 원룸은 10억 원이 있어도 매물을 구하기 어렵습니다. 그런데 말입니다. 한 공간에 개인의 주거시설과 주방이 함께 있는 독신가구 대상 스튜디오 주택에는 다가구 원룸만 있는 것이 아닙니다. 관련법상으로 차이는 있지만 오피스텔도 있고, 소방법의 규제를 받는 고시원, 최근 뜨고 있는 셰어하우스, 다중주택도 있습니다. 이들 상품 중에서 자신의 자산 여력에 맞는 상품에 투자하면 됩니다. 특히 저가 소형 오피스텔의 경우에는 레버리지를 활용하면 2,000~3,000만 원으로도 투자 가능한 물건이 있습니다.

제가 말하고 싶은 건 '이것 아니면 안 돼.' 하며 상품을 단정 짓지 말라는 겁니다. 실질금리 제로 시대입니다. 안정성에 문제가 없고 상대적으로 수익성이 높다면, 경계를 두지 말고 적극적으로 그 대안을 찾아보자는 겁니다. 그 중 하나가 저가의 소형 오피스텔인 것뿐입니다.

투자는 방향입니다. 독신자를 대상으로 하는 저가의 임대용 부동산이 경제성이 있는 이유는 독신가구가 급증하면서 수요층이 지속적으로 확장되고 있기 때문입니다. 현재 우리나라의 독신가구 비율은 약 28%입니다. 머지않아 선진국 수준인 40%까지 오르리라고 예상되고 있고요. 투자금 대비 수익성이라는 측면에서 은행권 상품을 압도합니다. 그래서 이 상품에 주목해보자는 것입니다.

수도권에서 저가의 소형 오피스텔이 몰려 있는 시흥시 정왕동, 안산시 고잔동, 수원시 인계동, 일산 신도시의 장항동·백석동, 중동신도시 등을 포함하여 1억 원 이하로 투자가 가능한 곳이 전국에 널려 있습니다. (저금리를 이용해 낮은 금리로 대출받아 투자하면 2~3천만 원으로도 투자가 가능함. 단 레버리지 효과를 얻기 위해서는 대출금리보다 임대수익률이 높아야 함.) 제가 저가의 주거용 오피스텔에 주목하는 이유는 이 상품의 경우, 수도권 변두리로 나갈수록 매매가는 낮고 수익률이 높기 때문입니다. 수도권의 저가 매물 단지 내의 오피스텔은 공실률이 없다는 가정 아래 은행 정기예금의 5배가 넘는 임대소득을 기대할 수 있는 물건이 여전히 많습니다.

조 펀드 등 간접투자 상품 대신 직접투자를 하라고 하셨는데, 이 말은 주식투자에도 해당하는 이야기입니까?

박 그건 본인이 결정할 일입니다. 제가 강요할 사항은 아닌 것 같군요. 다만 주식투자에는 선수가 없다는 말씀을 드리고 싶습니다. 주식투자는 투자자의 심리가 7할 이상을 차지하기 때문에 지식이 많다고 해서 투자 레코드도 반드시 좋다고 말할 수 없습니다. 저처럼 법인 영업부에서 사회생활을 시작해서 경험이 많은 사람도 주가의 향방은 여전히 알 수 없습니다. 전업투자자 중에는 그간 쌓아온 지식과 정보력을 토대로 돈을 받으며 컨설팅에 나서는 사람들이 많은데, 그 사람들이 주식투자에 그만한 내공이 있다면 전업투자자 본연의 일에 충실할 것이지 왜 남의 잿밥에 눈독을 들이겠습니까? 그들도 주식을 모르기는 매 한 가지입니다. 그래서 저는 주식으로 돈 버는 법보다 주식으로 돈 안 까먹는 법에 관심이 더 많습니다.

조 그렇다면 주식으로 돈을 안 까먹는 방법은 무엇입니까?

박 이 이야기는 하루 날을 잡아서 온종일 이야기를 해도 시간이 모자랍니다. 여기서는 중요한 점 두 가지만 간단히 이야기하겠습니다.
첫째, 주식은 시간을 지배하는 자가 이기는 게임입니다. 시장의 변화가 극심한 IT 업종 등을 제외하고, 내수시장에서 소비자를 직접 공략하는 음식료품 독점 기업에 투자한다고 가정해보겠습니다. 이 종목들의 특징은 주가가 일시적으로 흘러내리더라도 항상 반등하고 고가를 갱신하는 흐름을 보인다는 점입니다. 여윳돈으로 직접 투자하는 사람들은 손절매 결정을 스스로 내릴 수 있기 때문에 고점에 팔 수 있는 기회가 있습니다. 그러나 대출을 받아서 투자하는 경우에는 그 기간만 지나면 주가가 반등할 거라는 확신이 있어도 금융비용에 대한 고민 때문에 손절매를 하는 경우가 발생합니다. 그러다가 점차 '깡통계좌'로 전락하는 거죠. 결론적으로 주가 흐름이 일정한 사이클을 갖고 있는 내수 관련 독점기업은 자기 돈으로 투자해서 시간을 지배하는 사람에게는 그리 위험한 투자가 아닙니다.

둘째, 주식투자는 심리게임이라는 사실을 잊지 말아야 합니다. 아무리 좋은 주식도 금융위기 때처럼 위험이 증폭되면 집단동조화에 빠져서 헐값에 내다 파는 경우가 비일비재합니다. 이 시기만 견디면 반등할 것이 분명한 데도 사람들은 그걸 참지 못합니다. 그래서 주식은 남들이 욕심낼 때 두려워하고 남들이 두려워할 때 욕심내라고 하는 건가 봅니다.

끝으로 한 가지 더 보탠다면, 매월 발생하는 이자소득이나 임대소득을 이용해 저축하듯이 우량주식을 사 모으는 방법입니다. 이렇게 하면 '에버리징 코스트(Averaging Cost)'가 발생하기 때문에 평균 매입 단가를 내리는 효과가 있습니다.

주식 이야기는 해도 해도 끝이 없습니다. 아마도 주식에는 정답이 없기 때문에 말도 많고 자칭, 타칭 전문가라는 사람들도 많은 것 아닌가 싶습니다. 이쯤에서 주식 이야기는 그만하도록 하지요.

조 이 책에서 자산유동화증권에 대해 소개하는 글을 봤는데, 저 같은 일반인에게는 너무 낯선 상품 아닌가요?

박 맞는 지적입니다. 자산유동화증권(ABS, Asset Backed Securities)은 어려운 상품이 아니라 생소한 상품이라고 하는 게 맞는 표현입니다. 금융회사나 기업이 발행하는 후순위채권, 주택저당증권(MBS, Mortgage Backed Securities), 자산유동화증권과 종금사 기업어음을 결합한 자산유동화기업어음(ABCP, Asset-Backed Commercial Paper) 등이 자산유동화증권에 포함되는 상품입니다. 자산유동화증권은 금융회사나 기업이 보유하고 있는 매출채권이나 금융자산을 일종의 페이퍼컴퍼니인 특수목적법인이 인수한 다음, 이를 증권화 해서 시장에 유통하는 상품입니다.

저는 은행이나 보험사의 저축성 상품을 대체할 수 있는 상품 중 상대적으로 금리가 높고 수익률이 확정적이거나 비교적 수익률 예측가능이 높은 상품이 10가지 정도라고 생각합니다. 투자 상품의 경계를 두지 않는다고 전제할 때, 그 중 하나가 바로 자산유동화증권입니다. 이 상품은 실제 증권사를 통해 판매되고 있는 상품입니다. 나머지는 채권(주로 기업이 발행하는 회사채와 금융회사가 발행하는 카드채), 메자닌이라 불리는 채권으로 발행되지만 주식으로 바꿀 수 있는 옵션이 주어진 주식연계채권, 종금사 고유계정 상품인 기업어음, 발행어음 그 밖에 환매조건부채권(RP, RePurchase agreement), 이 책에서 많은 지면을 할애하고 있는 저가 소형 임대 부동산 등입니다.

확정금리로 1%라도 더 챙기려면 이들 상품을 선택하는 것밖에는 방법이 없습니다. 저는 그 중에서 상대적으로 수익이 높고 환금성과 안정성이 보장되는 상품이 저가의 소형 임대용 부동산이라고 생각합니다.

조 저가의 소형 임대용 부동산은 매월 월세를 받는다는 점에서 단리식 정기예금과 비슷하다고 할 수 있을 것 같습니다. 그렇다면 이 두 상품 이외에 매월 또는 일정 기간마다 이자를 받을 수 있는 금융 상품에는 무엇이 있을까요?

박 종금사의 발행어음에 1년 이상 투자할 경우에도 확정금리로 매월 이자를 받을 수 있습니다. 또 이표채로 발행되는 회사채는 3개월마다 이자가 지급되는 상품입니다. 후순위채권(자산유동화증권)도 회사채처럼 3개월마다 확정 이자를 지급하는 대표적인 상품입니다. 따라서 투자 시점에 이들 상품 중 높은 금리를 제시하는 상품을 선택하면 됩니다. 참고로 매월 소액을 저축해서 목돈을 만드는 상품 중 확정금리를 지급하는 상품으로는 자유적립예금, 적립식 RP 등이 있습니다.

조 이 책에서는 실질금리 0% 시대를 가정하고 논리를 전개하고 있습니다. 금리가 오를 가능성은 없다고 보시는 건가요?

박 그렇습니다. 금리를 내리면 효과는 분명히 있습니다. 정부가 내수경기를 진작시킨다거나 경기불황을 타개한다는 명목으로 시장에 인위적으로 개입해서 금리를 낮추는 정책을 쓰고 있습니다. 우리나라만 그런 것도 아닙니다. 유럽 국가들이 유로화 가치를 인하하는 양적확

쌈지 박연수가 꼽은 1% 금리시대 유망 투자상품

금융	- 회사채(주식연계채권, 카드채 포함) - 자산유동화증권((후순위채권, 주택저당유동화증권, 자산유동화기업어음) - 마을금고(새마을금고, 신협, 단위농협, 수협)의 정기예금 - 종금사 적립식 RP, 발행어음
주식	- 내수시장에서 상품의 가격결정권을 갖는 음식료품 독점기업
부동산	- 독신가구를 위한 임대주택(소형 아파트, 다가구 원룸, 다중주택, 저가 소형 오피스텔)

대 정책을 쓰는 것도, 그 이전에 미국이 양적완화 정책을 사용한 것도 경기활성화를 위해 이뤄진 것입니다. 그러나 지나치면 독이 된다고 할까요? 근본적인 문제를 해결하지 않고 돈만 푼다고 해서 경제문제가 해결되는 건 아닐 테니까요.

이런 점을 감안한다 해도 지금의 금리는 전통적인 금리 사이클에서 한참 벗어난 듯합니다. 이 말은 우리가 생각하는 것보다 저금리 흐름이 더 길게 지속될 수 있다는 뜻일 수 있습니다. 그래서 우리의 고민이 깊어지는 것 아닐까요?

정책금리인 한국은행의 기준금리는 시중은행과 거래하는 7일물 환매조건부 채권 금리를 기준으로 하기 때문에, 한국은행의 기준금리가 내려간다는 건 은행권의 모든 수신금리가 내려간다는 것을 뜻합니다. 직접적으로는 증권시장에서 시장 실세금리로 통용되는 국고채 3년물 금리를 내리는 원인이 됩니다. 은행과 보험사의 개인연금신탁,

퇴직연금 등의 자산운용은 대부분 채권에 투자해서 수익을 도모합니다. 따라서 금리가 낮아진다는 건 이들 상품의 금리 역시 내려간다는 것을 의미합니다.

지금도 모든 금융회사에서 운용하는 퇴직연금 수익률이 0% 대인데, 금리가 내려갔으니 더 악화될 것이 불을 보듯 훤합니다. 민간연금이 돈을 잡아먹는 존재에 불과하다는 말은 거짓이 아닙니다.

조 아무리 소액으로 투자한다고 해도 임대회전률을 높이고 안정적 임대 수익을 얻는다는 게 쉬운 일은 아닐 것 같습니다.

박 그렇습니다. 세상에 공짜로 생기는 건 없습니다. 그래도 노력하면 가능성이 큽니다. 남들이 너무 무성의하게 운용하는 곳이 많으니까요. 얼마 전 동네 중심 상가에 나가 보니 김밥집이 참 많더군요. 전철역 앞에도 김밥을 파는 집이 정말 많습니다. 그런데 이상하게도 한 집에만 손님이 몰리더군요. 똑같은 재료로 만드는 김밥이 뭐 그리 차이가 난다고 한 집에만 몰리는 걸까요? 김밥을 만드는 재료가 같아도 만드는 사람의 정성과 아이디어가 다르기 때문입니다.

같은 건물에 있는 오피스텔도 누가 임대인이냐에 따라 회전률이 달라질 수 있습니다. 집을 깨끗이 관리하고, 임차인의 입장에서 주거시설에 불편함이 없는지 살펴보고, 말 한 마디라도 정감 있게 하면 회전률을 높일 수 있습니다. 그걸 누가 알아주느냐고요? 다 알려집니다. 네이버카페 '피터팬의 좋은 방 구하기'와 같은 경우만 해도 200만 명이 넘는 회원들의 사용후기가 끝없이 올라옵니다.

돈만 생각하고 임차인의 편의에는 관심이 없는 사람이 하는 임대주택의 회전률이 좋을 리 있겠습니까? 정성과 진심이 있으면 임대사업이 실패할 리 없습니다. 분명히 아셔야 할 것은 저가의 소형 임대 부동산이 다른 투자 상품과 비교해 상대적으로 경제성이 있다는 것이지, 투자만 하면 저절로 임대회전률이 100%가 되고 임차인이 언제든 들어오려고 대기하고 있다는 말은 아닙니다. 노력해야 합니다.

조 이 책을 쓰기 위해 전국 이곳저곳을 다니신 걸로 알고 있는데, 전국적인 관점에서의 사업성은 어떻습니까?

박 지역을 막론하고 공장이 밀집해 있거나 대학캠퍼스가 있는 곳에는 빠짐없이 대규모 원룸촌이 형성되어 있습니다. 저도 처음에는 허허벌판에 상가는 없고 다가구 원룸만 빼곡히 있어서 의아했습니다. 특히 수도권 전철이 들어가는 천안 안서동 대학가에는 상상 이상으로 큰 원룸촌이 있더군요. 이곳에는 단국대 · 백석대 · 상명대 · 공주대 · 호서대 등이 자리 잡고 있는데, 기숙사 시설이 부족한 편이었습니다. 이곳에서 고시원, 다가구, 다중주택 등 독신가구를 위한 원룸을 운영하는 사람들 중 상당수는 은퇴자금을 원룸에 투자해 연금처럼 월세를 받으며 생활하는 사람들입니다.

전국적으로 그와 비슷한 원룸 단지가 정말 많았습니다. 이분들과 비교하면 지금 독신가구를 위한 임대 사업에 뛰어드는 사람은 최적의

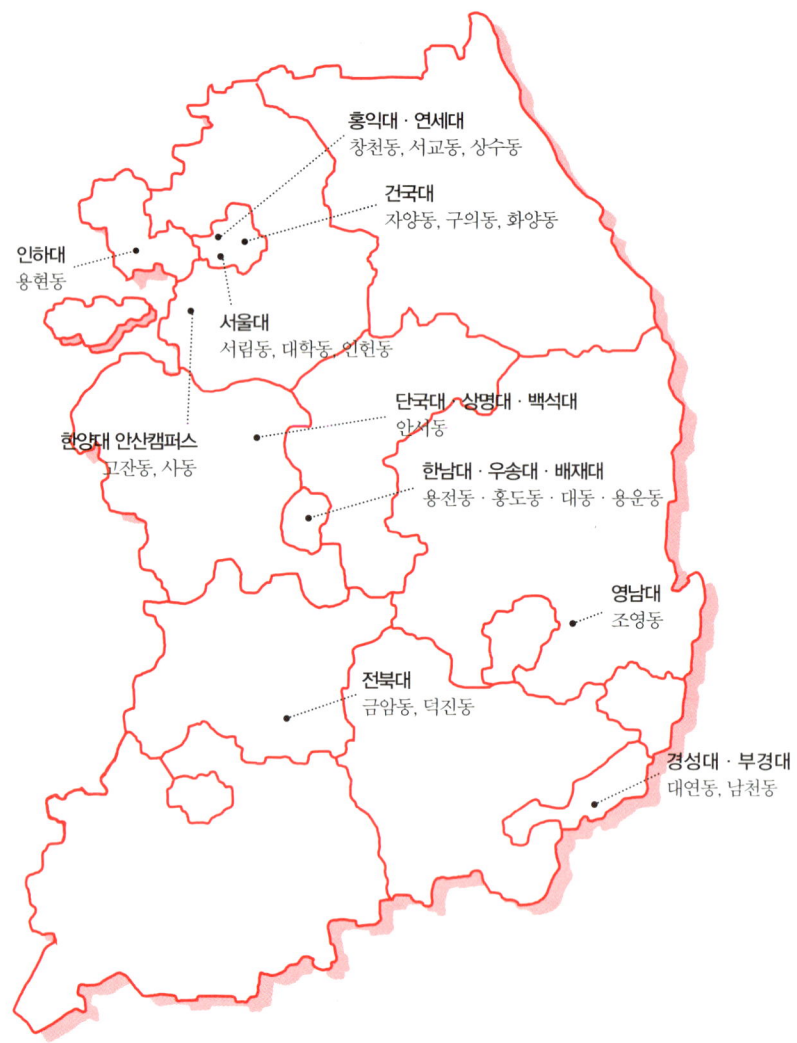

〈 쌈지 박연수가 꼽은 전국 10대 대학가 원룸촌 〉

* 그밖에 중앙대 안성캠퍼스(대덕면 내리), 한림대학교(춘천), 관동대학교(강릉), 충북대학교(청주), 전남대학교(광주) 등 주요 대학가 주변에 원룸촌이 형성되어 있다. 대학가 원룸촌은 지역, 유동인구, 상권의 발달 정도에 따라 상당한 가격차가 존재한다. 예를 들어, 서울대학교가 있는 서림동, 대학동 주변에 비해 홍익대학교와 연세대학교가 위치한 창천동, 서교동의 원룸촌은 매매가와 임대료가 1.5~2배 이상 비싸다. 반면, 한남대학교 주변 용전동, 홍도동은 서울대학교 주변에 비해 매매가와 임대료가 낮다. 결론적으로, 전국 다가구 원룸, 다중주택 투자의 가격 스펙트럼은 매우 넓고 다양하다.

기회를 놓쳤다고 볼 수도 있습니다. 제가 찾은 지역을 일일이 열거하면 이 책 한 권으로도 모자랍니다. 어찌됐든 저는 노후 대비 투자 상품으로 독신가구를 대상으로 하는 원룸이 그나마 수익성이 낫고, 그중에서도 비교적 소액으로 투자할 수 있는 저가의 소형 오피스텔이 유망하다는 방향을 이야기하고 싶은 겁니다. 이 책은 부동산 책도 아니고 저 역시 부동산 컨설팅과 아무 이해관계가 없는 사람입니다. 은행 정기예금처럼 안전하면서도 상대적으로 수익이 높은 상품을 찾다 보니 이 상품이 눈에 들어왔고, 실제 시장을 조사하다보니 계량적으로 증명되는 부분이 있었습니다.

조 50대 초반인 선생님과 40대 후반인 제가 본격적으로 노후생활에 접어드는 시점인 10~15년 후에는 우리나라의 노인복지 정책이 어떻게 변할 것 같습니까?

박 노인복지를 포함해 육아, 무상급식, 무상등록금 등 보편적 복지정책은 정파적 이해관계와 상관없이 국가통합의 가치입니다. 세계 최고의 복지제도를 갖춘 핀란드의 복지정책이 본격적으로 시작된 시점은 제2차 세계대전에 독일의 편에 섰다가 패망한 직후였다고 합니다. 막대한 전쟁 배상금을 물어내야 했고 사회 시스템이 무너져서 정부의 재정이 바닥이 난 시점이었던 셈입니다. 당시의 핀란드와 비교해보면 지금 우리나라는 월등히 나은 여건에 있습니다.

문제는 복지예산을 확보하기 위해서는 증세를 해야 한다는 것입니다. 이 부분에서 국민들의 저항이 크지 않을까 싶습니다. 우리가 노년생활에 본격적으로 접어들 때쯤이면 출산률 감소로 젊은 노동인구가 크게 줄어들 텐데, 우리의 안락한 삶을 위해 젊은이들만 희생당하는 것은 아닌지 안타깝기도 합니다. 국가가 나서서 우리의 노후생활을 보장해준다는 것은 고맙지만, 이 문제는 계층·소득·연령에 따라서 매우 상이한 시각이 존재하기 때문에 단정지어 말할 수 없을 것 같습니다. 이 문제에 대한 논쟁이 현재 본격적으로 진행 중이니, 모쪼록 좋은 결말이 나서 지금보다 나은 노인 복지정책이 실현됐으면 하고 바랄 뿐입니다.

조 끝으로 저를 좀 컨설팅 해주셨으면 합니다. 저는 올해 마흔일곱으로 아파트 전세금 3억5천만 원이 거의 전 재산입니다. 예금 잔고보다 빚이 더 많고요. 월 소득에서 저축 가능한 돈을 쥐어짜면 약 100만 원 정도 될 것 같습니다. 노후준비를 위해서 저 같은 사람은 어떻게 해야 합니까?

박 전세라고는 하지만 3억 원이 넘는다면 능력이 없어서 전세로 산다고 말할 수는 없을 것 같군요. 빚이 예금보다 많다면 노후준비를 위해 저축하기보다는 대출금부터 정리하는 게 순서가 아닐까 싶습니다. 내가 너무 교과서 같은 이야기를 하고 있는 건가요? 그래도 원칙은 중요하니까요.

빚은 그렇다 치고 저축 가능 금액이 월 100만 원 정도라면 도시 가구 평균저축액보다 많은 겁니다. 지금 사는 지역에서 벗어날 수 있다면, 전세금이 낮으면서도 도시 인프라가 잘 갖춰진 용인시 동백·상현·

성복지구, 고양시 덕이·식사지구 등으로 옮기고, 그 차액으로 인근의 저가 소형 오피스텔을 한 채 구입해서 안정적인 임대소득을 노리는 게 어떨까 싶습니다. 매월 발생하는 임대소득과 월 저축 가능액을 합쳐서 빚을 줄이거나, 7:3의 비율로 나누어 70%는 자유적립예금에 가입하고 30%는 내수 관련 우량주식에 저축하듯 투자해서 의미 있는 종자돈이 만들어지면 장기적인 계획을 세워서 노후준비를 하면 될 것 같습니다. 투자 상품은 그 때 가서 비교우위에 있는 상품을 선택하면 될 테고요.

내가 할 수 있는 이야기는 여기까지입니다. 나머지는 질문자께서 주체적으로 하실 문제겠지요. 나는 투자 상품을 콕 찍어주는 사람이 아니라 투자 방향을 이야기하는 사람입니다. 자산관리에 관한 정보를 드릴 수는 있지만, 제가 직접 투자자의 자산관리를 강제할 자격은 없습니다. 답변이 부실했다면 용서하십시오. 지금까지 들어주셔서 감사합니다.

1장

1% 금리시대의
노후준비는 다르다

저축의 시대가 가고 투자의 시대가 온다

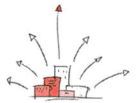

개인의 자산관리에 있어서 금리만큼 커다란 영향을 미치는 것이 있을까? 한국은행이 기준금리를 1%대로 낮추자마자 은행권의 예금금리도 일제히 떨어졌다. 낮아진 금리 때문에 은행권에서 이탈한 자금은 주식시장으로 몰려갔다. 주가가 들썩이고, 침체의 늪에서 헤어나지 못하던 부동산마저도 꿈틀댄다. 금리가 가처분 소득 형성에 지대한 영향을 미치고 있다는 증거다.

은행에 돈을 꼬박꼬박 저축하는 사람들에게는 불행한 이야기이지만, 적어도 당분간은 금리가 오를 가능성이 거의 없다. 세계 금융시장의 금리는 다시 꿈틀대고 있지만 한국은행은 기준금리를 올릴 생각이 없는 것 같다. 그렇다고 더 내리지도 못하는 상황이기 때문에 이 추세가 당분간 이어진다고 봐야 한다. 대한민국 경제는 예전처럼 성장을 계속하는 경제가 아니다. 성장속도가 둔화되고 내수경기 부진이 지속되면서 정부가 적극적으로 시장에 개입해 기준금리를 낮추는 정책을 추진하고 있다.

이제 금리 인상의 기회는 금융위기가 다시 찾아와서 국가 전체적으로 신용도가 급락할 때에나 등장할지 모른다. IMF 금융위기 이후에 반복된 몇 차례의 금융위기 과정에서 단기간 금리가 급등했던 이유는 시장에 풀린 돈이 적어서가 아니다. 그보다는 돈을 쓰는 당사자인 기업, 개인, 국가의 신용 상태가 좋지 않았기 때문이다. 개별 경제주체의 채무상환 위험도가 높아지면서 금리를 상승시킨 것으로, 마치 은행이 개인의 신용등급에 따라 대출금리를 차등화 시키는 이치와 같다.

결론적으로 금융시장의 외생적인 변수, 즉 금융위기 상황이 도래하여 국가 전체적인 위험 가중치가 증가하지 않는 한, 금리는 당분간 오르지 않을 것이다. 정부는 경기부양을 위해, 그리고 부족한 복지재원 마련을 위해 발행하는 국고채 이자의 상환부담금을 줄이기 위해서라도 저금리 정책을 고수할 것으로 보인다.

예전에는 금리 사이클이라는 것이 있어서 시장금리가 일정하게 오르고 내리기를 반복했지만, 지금은 예전의 금리 사이클이 작동할 수 있는 시대가 아니다. 예전에는 금리 사이클을 이용해 채권투자를 하면 발행금리 이상의 매매차익도 가능했다. 그러나 이제는 그것도 쉽지 않은 일이 되었다.

소위 말하는 가처분 소득을 늘리기 위해서는 월급이 크게 오르거나, 집값이 뛰거나, 은행이자라도 올라야 하는데, 오르는 것은 고사하고 오히려 내리고 있다. 개인의 가처분 소득은 생활비를 제외하고 저축하고 소비할 수 있는 돈을 말하는데, 가처분 소득이 줄어드니 소비가 위축되고 내수경기가 부진하게 되는 것이다. 퇴직자들이 창업시장에서 고전하는 것도 다 이 같은 이유 때문이다.

상황이 이렇다보니 노후에 대한 불안감이 사회 전반에 번지고 있다. 인생의 마지막 동아줄로 여기는 국민연금의 평균 수급액은 현역시절 소득의 약 20%에 불과한 실정이다. 이를 보완하겠다고 가입한 민간연금은 거의 대부분 실질수익률이 마이너스를 기록하고 있고, 조금 나은 경우라도 물가조차 따라잡지 못하는 수준이다. 민간연금에 가입하는 돈이 많아질수록 손해만 점점 커지는 판국이다.

대한민국은 어느 정파가 집권하느냐에 관계없이 성장 정책을 고수해왔다. 경기를 활성화시키기 위해서는 시장에 돈을 풀고 이 돈이 산업 분야로 유입되어야 한다. 이때 정부는 기업에 대한 유인책으로 금리를 낮춰주고 환율을 인상하는 정책을 쓴다. 실제로 2010년 이후, 정부는 계속해서 고환율 정책을 고수하고 있다. 내수경기 부진에도 불구하고 국내 대기업이 사상 초유의 순이익을 기록한 것은 정부의 저금리, 고환율, 법인세의 실질적 인하 정책에 상당 부분 도움을 받았기 때문이다. 당장 경기 진작이라는 불이 발등에 떨어진 현 정부도 이러한 유혹에서 벗어날 수가 없다. 저금리, 고환율 정책이 국민의 가처분 소득을 감소시키는 피해를 낳고 있는 데도 말이다.

고성장 시대에는 저금리로 인해 은행권에서 이탈한 자금이 주식시장, 부동산으로 몰려들어 주가와 부동산 가격을 끌어올리는 효과가 있었다.

그러나 지금은 양상이 과거와 조금 다른데, 그 이유는 주식 종목 간 주가 양극화 현상이 심해지고 부동산시장의 불황이 예전과 완전히 다른 패턴을 보일 정도로 깊어졌기 때문이다.

현재 한국은행의 기준금리는 물가상승률에도 미치지 못할 만큼 낮은 수준이다. 이 정도면 물가상승률을 감안한 실질금리가 제로에 가깝다는 것을 의미한다. 은행권의 상품은 대부분 한국은행의 기준금리에 절대적으로 영향을 받는다. 그렇다보니 은행권 금융 상품의 금리가 사실상 1%에도 못 미치는 것은 당연한 일이다. 문제는 이처럼 낮은 금리를 대하는 우리의 자세에 있다. 낮은 금리는 상수(常數)가 된 지 오래다. 이를 누가 부인할 것인가? 앞으로도 마찬가지다.

그렇다면 방법은 하나다. 낮아진 금리에 대응하기 위해 포트폴리오를 새롭게 짜야 한다. 은행에 예금해서는 실질금리로 거의 제로에 가까운 이자를 받는 상황임에도 불구하고, 우리는 은행거래를 쉽게 포기하지 못한다. 세상을 살아가면서 익숙한 것과 결별하는 일은 결코 쉽지가 않다. 은행 상품은 금리가 낮을지언정 원금은 까먹지 않는다는 잘못된 인식이 깊이 박혀 있는 것도 문제다. 그러나 은행에 예금해서 제로 금리에 가까운 이자를 받는 것은 기회비용을 날리는 일이기 때문에, 원금의 안정성에 심각한 위협을 받는 일이라는 점을 명심해야 한다.

현재 은행이나 보험사에서 운용하는 연금 상품 중에서, 운용 수수료를 공제한 후 실질금리 기준으로 플러스 수익률을 내는 상품이 있는가? 기간이 늘어날수록 이 차이는 더 커진다. 이것이 은행, 보험사의 연금 상품,

저축성 보험에 투자할수록 당신의 노후가 더 가난해질 수 있다고 경고하는 이유다.

그럼에도 불구하고 우리는 지금 어떻게 하고 있나? 2015년 이후 금융권에서 나오는 자료들을 보면 여전히 은행, 보험사의 연금이나 저축성 상품으로 노후를 준비하고 있다는 사람이 전체 응답자의 70%에 이른다. 내게 개인적으로 컨설팅을 의뢰한 사람들 역시 80% 이상이 이렇게 하고 있었다. 은행권, 보험사의 저축성 상품은 물가 대비 이자의 체증 효과가 전혀 없는 판국인데도 변함이 없다. 이렇게 하고도 낮은 금리만 탓하고 있을 것인가? 여기에는 습관의 영향도 있을 것이다. 아니면 이를 대체할 상품을 모르거나 알아도 거기에 투자함으로써 발생하는 리스크를 통제할 수 없다는 두려움 때문일 수도 있다.

실제로 이자를 한 푼이라도 더 받아보겠다는 생각으로 저축은행의 후순위채권이나 기업어음(CP, Commercial Paper)에 투자했다가 낭패를 본 사람들의 모습이 언론에 집중 보도되면서 낯선 상품에 대한 두려움이 컸으리라고 짐작해본다. 그러나 이는 해당 상품에 대한 정확한 이해가 없는 상태에서 리스크를 분석하지 않고 무작정 투자한 사람들에게서 발생하는 일이다. 투자 상품에 대한 리스크만 잘 관리하면 후순위채권, 기업어음을 포함해 기업이 발행하는 회사채, 주식연계채권, 유동화증권, 이 모두가 지독한 저금리 시대를 극복하는 금융 상품들이다.

두려운 이유는 모르기 때문이다. 당신이 자주 다니는 길도 처음 가보는 사람에게는 두려운 법이다. 위에서 언급한 금융 상품들의 가장 큰 특징은 만기까지 보유한다는 가정 아래 가입시점의 금리가 확정된다는 점이다. 수익률이 운용결과에 따라 수시로 변하는 펀드와는 상품설계에 있어서 근본적으로 다르다.

다만 이 상품들을 발행하는 주체가 대부분 기업이기 때문에 발행기업이 파산하면, 파산절차에 의해 구상권을 행사해야만 돈을 돌려받을 수 있다는 점에서 예금자 보호 대상인 은행 상품과 다르다. 따라서 지나치게 높은 금리에 유혹되어 투자를 했다가는 일전의 저축은행 후순위채권, 동양종금에서 판매한 기업어음처럼 원금보장에 큰 위험이 발생할 수 있다. 기업이 주체가 되어 발행하는 모든 상품의 금리는 발행기업의 신용등급 평가에 의해서 금리를 결정하기 때문에 상대적으로 금리가 높은 기업은 이에 비례해서 재무안정성이 낮다. 삼성전자가 발행하는 회사채와 보통의 신용등급을 가진 코스닥 상장 중견기업이 발행하는 회사채의 금리가 같을 수 없는 것과 같은 이치다.

금리가 낮아지면서 저축의 시대에서 투자의 시대로 전환됐다는 말들을 한다. 이 말이 갖는 의미는 크게 두 가지로 나누어 생각할 수 있다. 하나는 이제부터 은행예금으로는 답이 안 나오니까 빨리 다른 말로 갈아타라는 것이고, 다른 하나는 말을 갈아타면서 발생하는 위험을 회피할 수 있는 능력이 있어야 한다는 것이다. 저축과 투자는 위험 부분에 있어서 간극이 매우 크다. 은행의 정기예금과 주식투자의 리스크 차이를 생각해 보면 쉽게 이해할 수 있을 것이다. 은행에 예금만 해오던 사람에게 결과에 따라 원금의 손실이 발생할 수 있는 상품에 투자하는 일은 두려울 수밖에 없다. 이 간극 사이에서 중간자 역할을 하는 상품이 바로 채권, 유동화증권, 주식연계채권 등이다. 앞서 말한 대로 이 상품들 역시 지나치게 고금리만 생각하고 투자했다가는 원금의 손실이 발생할 수 있으니 투자 적격으로 분류되었다고 무조건 안심하지 말고, 기대수익률을 낮춰서라도 안정성이 보장되는 상품에 투자해야 한다.

지금까지 언급한 내용을 정리하면 2가지로 압축할 수 있다.

첫째, 은행, 보험사의 저축상품이라는 좁은 프레임에서 벗어나야 한다. 은행, 보험사의 임직원과 대주주의 지갑을 두둑이 챙겨주고 싶은 마음 때문이 아니라면 지금 당장 좁은 프레임에서 벗어나라. 그들과 거래할수록 자신이 가난해진다는 점을 생각해야 한다. 이제 그들이 쳐놓은 그물에서 벗어나자. 그것이 노후준비를 위한 투자의 첫 걸음이다.

둘째, 투자 상품의 경계를 두는 일은 매우 어리석은 일이다. 투자의 목적은 가처분 소득을 늘리는 것이다. 이 목적에 부합한다면 그것이 부동산이든, 주식이든, 채권이든, 단기 유동성 상품이든 타이틀이 중요한 게 아니다. 투자 시점의 경제 환경과 투자 상품의 수익률만을 절대적인 기준으로 삼아야 한다. 투자의 안정성이 동일하다면 상품의 수익률이 투자의 기준이 되어야지, 상품의 타이틀은 중요하지 않다. 기준금리 1% 시대다. 당신의 귀에는 당신의 생명줄 같은 돈이 새나가는 소리가 들리지 않는가?

한국은행이 기준금리를 내리기 전에도 시중 대형 은행들의 정기예금 실질금리는 이자에 대한 15.4%의 세금과 물가상승률을 감안하면 마이너스를 넘어 제로금리 상태였다. 그런데 이마저도 한국은행이 기준금리

⟨1-1⟩ 한국은행 기준금리 인하 전후의 정기예금 금리(%)

은행	2015년 4월	2015년 5월
하나	1.70	1.60
우리	1.80	1.55
신한	1.70	1.45
국민	1.50	1.40

를 인하하자마자 또 내려갔다. 아무리 은행의 정기예금이 안전자산이라고 해도 이건 아니다. 세금과 물가상승률을 뺀 실질금리가 마이너스라면, 이는 필연적으로 원금의 손실이 발생하는 것이기 때문에 안전자산이라고 하기도 어렵다.

정기예금을 대체하는 확정이자 상품이 없다면 모를까, 은행 정기예금에 자신의 생명줄 같은 돈을 묻어두는 일을 어떻게 받아들여야 할까? 한 번쯤 깊이 고민해봐야 할 문제다.

퇴직연금 수익률 0%, 미치고 환장할 노릇

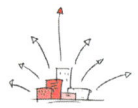

혹시 이런 생각을 한 번쯤 해보지 않았는가? 왜 은행과 거래하는 사람들은 이자가 줄어들어 울상인데, 은행 임직원들의 월급은 오르고 자산규모는 점점 더 확대되는지 말이다.

은행의 전통적인 수익은 고객의 예금과 대출 사이에 발생하는 금리 차이에 기반을 두고 있다. 이를 예대 금리 차이라고 하는데, 이 차이가 3% 정도면 적당한 수준이라고 한다. 그렇게 보면 은행의 주 수익원이라는 것이 정말 뻔한데, 어떻게 은행의 이익은 늘어만 가는 걸까? 바로 신탁, 펀드와 같은 무위험 자산의 판매비중이 늘어나면서 이들 상품의 판매에 비례해 수수료가 급증했기 때문이다. 연금, 펀드 같은 상품은 은행의 고유계정이라 할 수 있는 저축, 예금 상품과 달리 자산운용에 따르는 일정 수수료를 원금의 손실여부와 관계없이 꼬박꼬박 떼어간다.

〈1-2〉 주요 금융회사의 2014년 2분기 퇴직연금 수익률

은행	수익률(%)	보험사	수익률(%)	증권사	수익률(%)
신한	0.76	한화생명	0.83	대신	0.96
우리	0.76	삼성생명	0.80	대우	0.93
국민	0.79	교보생명	0.83	삼성	0.79
산업	0.77	삼성화재	0.75	신한	0.91
농협	0.76	동부화재	0.84	현대	0.93
기업	0.73				

*확정금리형 원리금 보장 상품 기준(출처_ 은행연합회, 생명보험협회, 손해보험협회, 금융투자협회)

    자산운용사가 운용하는 펀드의 원금 손실이 발생하는 상황에서조차 자산운용사 대주주의 배가 점점 더 불러가는 이유도 마찬가지다. 펀드형 상품에 원금 손실이 발생해도 그 손실은 고스란히 투자자의 몫이다. 원금이 손실이 나더라도 투자자는 수수료를 내야 하는 구조로 설계되어 있기 때문이다. 그래서 펀드는 금융회사 입장에서는 신이 준 '황금 알을 낳는 거위'라고 표현하는 것이다.

    이야기를 더 하기 전에 〈1-2〉도표를 한 번 보자. 이 도표를 보고 어떤 생각이 드는가? 손해보고 있다는 느낌, 뭔가 잘못되고 있다는 느낌 등등 매우 복잡한 심정이 들 것이다. 퇴직연금은 국민연금, 개인연금과 더불어 소위 말하는 3대 연금 중 하나다. 요즘 나오는 이야기들을 종합해보면 국민연금은 앞으로 수급률이 더 나빠질 것으로 보이고, 국민연금을 상대적으로 많이 내는 사람들은 20만 원을 주는 기초연금 수령액을 깎는다고 한다. 국민연금은 준조세 성격의 강제보험이다. 강제로 보험에 들게 하고 손실이 나면 사설펀드처럼 수급자가 손실분을 부담해야 하는 부당성이 내재되어 있는 것이다.

국민연금은 그렇다 치고 개인연금 역시 수익률이 맞이 간지 오래다. 그나마 믿고 있던 퇴직연금까지 수익률이 제로란다. 여기에 퇴직연금 운용 수수료 1%까지 공제하면 꼬박꼬박 돈을 넣을수록 손실만 커지는 셈이다. 〈1-2〉에서 제시한 자료는 그나마 자산 규모가 큰 금융회사들을 대상으로 조사한 것이다. 현재는 조사시점과 비교해 한국은행의 기준금리가 더 내려갔으니 퇴직연금의 수익률은 말을 안 해도 뻔하다.

퇴직연금 수익률이 금융회사 간 침묵의 카르텔이라도 존재하는 것처럼 어찌 이리도 천편일률적일 수 있는지 모르겠다. 마치 관치금융 시대에 정부가 금융시장에 개입하여 모든 시중은행의 정기예금, 저축 상품의 금리를 획일적으로 정해주던 때가 떠오를 정도다. 현재 전체 퇴직연금 가입자의 70%가 확정급여형 가입자들이다. 여기에 확정기여형 가입자들까지 포함시켜도 수익률이 1%를 넘는 곳은 한 곳 뿐이다. 여기서 수수료를 공제하면 실질금액은 손실이 발생한 것이다.

퇴직연금에 적립되어 있는 돈이 2014년 6월 기준으로 85조2,837억 원이다. 금융회사 입장에서는 수수료로 1%만 받아도 이익이 어마어마하다. 금융거래에서 투자자는 봉이고 금융회사만 살찌우는 일이 아니라고 그 누가 부정할 수 있겠는가?

이렇게 당신의 생명줄 같은 노후자금이 병들어가고 있다. 그런데도 불구하고 우리의 투자는 왜 항상 금융회사의 프레임에서 벗어나지 못하는 걸까? 대체재가 없다면 또 모르겠지만 이제 더 이상 금융회사의 프레임에 갇혀서는 안 된다. 3개월마다 이자를 주는 회사채도 있고, 소액투자로 매월 임대수익을 노릴 수 있는 저가의 소형 오피스텔도 있다. 그 중에는 은행 정기예금의 2~5배, 아니 그 이상의 이자나 임대수익이 보장되는 상품도 있다.

정부가 시장에 개입해서 강제하고 있다는 측면에서 볼 때, 퇴직연금의 수익률이 지금처럼 낮다는 것은 이를 관리하고 감독하는 정부의 책임도 크다고 볼 수 있다. 정부가 시장의 공정한 감시자가 되기 위해서는, 퇴직연금 운용수익률이 수수료를 밑도는 금융회사에게는 수수료를 받지 못하도록 하거나, 일정기간 동안 시장 평균을 하회하는 수익률을 내는 회사는 퇴직연금 시장에서 강제 퇴출시키는 등의 소비자 보호 정책을 시행할 필요가 있다.

국민연금과 더불어 3대 연금이라는 개인연금, 퇴직연금의 수익률은 현재 0% 대. 국민의 노후준비에 전혀 도움이 되지 못하고 있는데도 이 제도를 유지하는 이유는 뭘까? 이 상품들은 국민의 노후생활을 안정시키겠다는 취지로 도입되었다. 그러나 정작 국민은 이 상품을 선택함으로써 다른 투자 기회를 상실하게 되었고, 자금을 운용하는 회사는 수익이 나건 안 나건 수수료를 꼬박꼬박 받아간다. 이는 정부 스스로 '국민은 봉이요, 금융회사는 상전'이라고 멍석을 깔아주는 것이 아니고 무엇인가? 강제성을 띠는 퇴직연금의 수익률이 이렇게 낮은 수준을 유지한다면, 정부는 차라리 퇴직금을 중간정산하게 해서 각자 스스로 자산관리를 할 수 있도록 하는 게, 요즘 말하는 사회정의에도 부합하는 일이 아닐까 싶다.

두려워 말고 수익률이 높은 쪽으로 움직여라

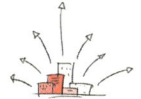

 익숙한 것과 결별하고 낯선 것을 받아들이기는 어렵다. 미디어에서는 금융회사의 이익에 부합하는 금융정보를 연일 쏟아낸다. 그런 흐름 속에서 사람들은 세상의 거의 모든 투자가 금융회사를 통해서만 가능하다고 생각하면서 산다. 그 밖으로 벗어나면 큰일이라도 나는 것처럼 말이다. 그런 까닭에 금리가 낮아도 너무 낮아서 초서금리라는 말이 오가는 지금도 은행과 보험사의 금융 상품을 선택한다.
 은행은 생필품을 파는 대형 마트 같은 곳이다. 방카슈랑스가 도입되면서 이제는 보험, 펀드까지 위탁 판매하고 있다. 그러나 그 편리함에 빠지는 순간 당신의 지갑은 헐거워진다. 은행, 보험사의 금융 상품에서 벗어나면 언제든 상대적인 고수익 투자 상품을 찾을 수 있건만, 낯선 것에 대한 두려움과 상품 선택에 대한 편리함 때문에 길을 찾지 않고 그대로 주

저앉아버린다. 수익률이 높고 안정성이 은행 상품과 거의 같다면 낯설다는 이유만으로 그 기회를 포기해서는 안 된다.

당신의 근로소득은 어느 정도 정해져있다. 따라서 당신이 합법적으로 가처분 소득을 늘리는 방법은 투자를 잘 하는 일이다. 그래서 낯선 상품일지라도 두려워말고 적극적으로 공부하고 투자에 나서라는 것이다. 당신이 은행의 연금 상품에 가입했다고 해서 그들이 당신의 노후를 보장해줄 리 만무하다. 당신이 은행에 연금 가입을 위해 내는 돈은 당신 주머니에서 나온 돈이다. 자기 돈 내고 자기 돈으로 노후를 보장받는 것이 금융회사가 판매하는 연금의 진실이다.

국민연금은 어떤가? 국민연금은 준조세 성격의 강제보험이다. 그러나 연금을 운용하여 손실이 발생했을 때, 그 손실을 수익자가 부담한다는 점에서는 민간에서 운용하는 사설펀드와 다를 바 없다. 이는 운용 손실이 발생할 경우 이를 국가가 모두 보전해주는 공무원연금과 비교했을 때 매우 차별적이다. 현재 공무원연금의 손실액은 약 12조 원이다. 그래서 국민연금 가입자들이 분노하고 있는 것 아닌가? 그럼에도 불구하고 국민연금이 사설펀드보다 나은 점이 있다면, 납입해야 할 보험료의 50%를 사업주가 부담하고 나머지 50%만 근로자가 부담하도록 규정되어 있다는 점이다. 결국 본인 부담금이 연금보험료의 절반이라는 얘기다. 당신이 자영업자가 아닌 근로자라면 말이다.

국민연금은 그렇다 치고, 노후 준비를 위해 어떤 상품을 선택하고 또 어떤 상품을 버려야 할까? 이때 선택의 기준은 상품의 타이틀을 떠나 자신의 노후생활에 실질적으로 도움이 되어야 한다는 것이다. 상품의 타이틀은 중요한 문제가 아니다. 안정성에 문제가 없다면 한 푼이라도 이자를 더 받는 쪽을 선택하는 것이 올바른 선택이다. 그 대상이 되는 상품이 부동산이면 어떻고, 은행상품이면 어떤가? 더 많은 이자를 받을 수 있다면 상품이 무엇이든 문제가 되지 않는다.

현재 시중에 나와 있는 은행의 연금 상품은 타이틀만 연금일 뿐, 금리도 낮고 수익률이 마이너스여도 운용수수료를 꼬박꼬박 떼 가는 못된 상품이다. 이런 상품으로 노후생활을 보장받겠다는 건 정말 난센스다. 노후를 보장받겠다고 은행이나 보험사의 연금에 가입하는 행위는 주머닛돈으로 은행과 보험사의 임직원을 먹여 살리겠다는 이야기나 마찬가지다.

경제흐름을 읽으면 돈을 벌 수 있다는 말이 있다. 이 말을 풀어서 해석해보면, 경제는 생물처럼 변하는 것이기 때문에 경제변화에 맞게 투자하다 보면 돈을 번다는 뜻이 된다. 생각해보라. 경제를 구성하는 하부 단위 중 하나에 불과한 금리의 변동에 따라서도 주요 투자 상품의 경제성이 지옥과 천당을 오간다.

당신이 50대라면 사회에 처음 나와서 은행에 예금하던 때를 기억해보라. 그 당시에는 5천만 원을 예금하면 5년 뒤에 원금의 두 배가 되었기 때문에 다른 대안을 찾으려고 수고할 필요가 없었다. 기준금리가 1.75%인 지금과 같은 저금리 시대에는 40년이 걸린다고 한다. 미치고 환장할 노릇이다. 지금 우리가 노후준비자금을 만드는 일에 이토록 고민하는 이유는 그 때, 아니 불과 5년 전과 비교해도 금리가 너무 떨어져서 은행에 예금을 해봤자 별 도움이 안 되기 때문이다.

2015년 한국의 경제기상도는 역시나 흐리다. 내수경기는 부진하고, 세계시장에서는 중국기업의 부상으로 인해 국내 대기업의 입지가 약화되고 있어서 주가가 오를 이유를 찾기 어렵다. 그럼에도 불구하고 주가가 예년에 비해 상승세를 이어가고 있다. 기업의 재무 안전성이 크게 떨어지는, 그래서 정크 주식의 집합소라고 불리기도 하는 코스닥 등록 기업의 주가는 더 크게 오르고 있다. 이유가 무얼까? 낮아진 금리로 인해 시중의 돈이 주식시장으로 유입된 효과 덕분이다. 낮은 금리 때문에 투자할 곳을 찾지 못한 돈이 주식시장에 유입되어 주가를 부양하는 금융장세의 덕이다.

부동산도 들썩이고 있다. 이 역시 낮아진 금리의 영향이 크다. 요즘 내수경기가 불황이라는데, 수익형 부동산의 신규분양이 늘고 사람들의 관심도 커지는 것을 보면, 역시 투자시장은 실물경제의 펀더멘탈에 의해서만 움직이는 것이 아니라는 사실을 새삼 확인하게 된다. 이렇듯 투자 상품은 경제의 흐름에 따라 그 가치가 달라지는 것으로, 절대성은 없다.

경제적 변화만 투자 상품의 가치에 영향을 미치는 것도 아니다. 정치적 리스크, 인구변동, 소비자의 니즈 변화 등 사회의 다양한 변화가 투자 상품의 가치에 영향을 미친다. 최근 들어 독신자 인구가 급증하면서 이들을 대상으로 하는 상품과 임대주택의 가치가 높아지는 것에 주목할 필요가 있다. 투자 상품은 안정성에 문제가 없다면 그것이 은행상품이든 주식이나 채권이든 부동산이든 상관없다. 내가 투자하려는 상품이 그 시점의 경제흐름을 따져봤을 때 다른 투자 상품에 비해 안정성과 수익성, 환금성을 가지고 있는지 비교하여 선택하면 그만이다.

이런 관점에서 보면, 지금 상황에서는 은행예금보다는 채권이나 기업어음이 낫고, 부동산시장에서는 투자 안정성과 환금성이 있고 수익률은 은행 이자의 몇 배 이상인 독신가구를 대상으로 하는 스튜디오 주택, 그 중에서도 소액으로 비교적 쉽게 투자할 수 있는 저가의 소형 오피스텔이 괜찮다. 물론 이 시장도 공급물량의 증가, 독신가구의 소득 감소 등으로 예전만 못하다. 따라서 시장의 변동 상황을 극복하기 위한 개인의 노력이 이전보다 더 요구되고 있다. 그럼에도 불구하고 이 시장의 미래는 밝은 편이다. 우리나라의 독신가구 비율이 서양의 여러 나라들처럼 40%까지 높아지는 일은 시간문제이기 때문이다. 현재도 독신가구의 비율은 다양한 이유로 급증하고 있는 것이 현실이다.

주택연금은 사기다

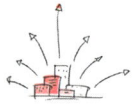

민간연금의 실체에 대해 반복해서 말하는 이유는 노후를 준비하는 대다수 사람들이 민간연금에 가입하면 노후가 저절로 준비된다고 믿고 있기 때문이다. 정부는 민간연금의 실체가 알려지고 그 우려감이 커짐에 따라 부랴부랴 보완책을 내놓고 있다. 그런데 그 보완책이라는 것이 연금상품의 운용 포트폴리오를 일부 변경해 연금액의 40%를 투자 상품으로 운용할 수 있게 하여 수익률을 높이겠다는 것이다. 이렇게 되면 수익률이 오를 가능성은 있지만 안정성은 크게 떨어진다. 연금이라는 것은 결국 노후생활의 생명줄 같은 돈인데, 투자 원금이 보장되지 않는 상품 투자비율을 높이겠다는 생각은 위험하다.

소위 '기관'이라고 불리는 국내 자산운용사의 운용수익률은 시장 평균에도 못 미친다. 이런 판국에 그들에게 연금액의 40% 이상을 맡기겠다는 발상은 위험하다. 어떤 환경에서도 원금의 안정성이 지켜져야 하는 연금 상품의 특성을 무시하는 처사가 아닐 수 없다. 투자 상품의 비중을 높이겠다는 발상은 결국 운용수수료의 상승을 초래하여 금융회사에게만 절대적으로 유리한 일일 뿐이다.

자산운용 결과에 대해 철저히 감시하고 투명하게 운용되도록 하겠다고 하지만, 비전문가인 공무원들이 무슨 능력으로 투명하게 감시하겠다는 말인가? 국민의 노후가 걱정된다면 차라리 국민연금을 특수직연금과 통합하는 것이 옳은 일이다.

노후준비에 대한 사회적 관심사가 커지다보니 별 해괴망측한 상품도 연금 상품이라는 이름으로 판매되고 있다. 바로 주택연금이다. 주택연금은 지금 살고 있는 집을 담보로 맡기고 일정기간 담보에 대한 대출금을 나눠서 수령하는 일종의 변형된 대출상품이다.

그런데 어느 순간 이 상품이 주택연금이라는 이름으로 둔갑해 팔리고 있다. 이 상품은 살고 있는 주택을 담보로 은행이 대출금을 연금처럼 나누어 지급한다고 해서 '역 모기지론'이라고 한다. 문제는 여기에도 일반 대출상품처럼 똑같이 대출에 대한 이자가 포함된다는 것이다. 만약 담보가치가 하락하여 은행에 손실이 발생할 가능성이 커질 경우, 즉시 은행이 내 집을 땡처리해서 대출금을 보존하고 나머지 차액을 돌려준다는 것이 주택연금 상품의 골자다.

집주인 입장에서 생각해보면 왜 이 상품이 황당한지 금세 알 수 있다. 은행이 내 집을 담보로 잡고 대출금을 주는데, 그것도 나눠 주면서 처분

권까지 갖는다. 이게 말이 되는가? 이 상품의 판매를 허가해준 금융당국은 노후를 걱정하는 사람들을 돕기 위해서라고 말할지 모르지만, 이 상품은 전적으로 은행의 시각에서 설계되고 운용되는 상품이다. 이 황당한 상품을 연금으로 알고 자신의 집을 은행에 맡기는 순진한 사람들을 농락하는 것으로 볼 수밖에 없다.

주택연금은 2007년 한국주택금융공사가 처음 상품을 내놓은 이후, 2014년 말을 기준으로 가입자 수가 2만 명을 약간 넘는 수준이다. 아직까지 그 숫자가 적다는 것이 그나마 다행이다. 우려스러운 점은 저금리로 인해 가처분 소득이 크게 줄어든 노후생활자들 중 이 상품을 선택할 사람이 급증할 수도 있다는 점이다. 물론 생각하기에 따라서는 내 집을 팔지 않고 거주하면서 생활자금을 받는다는 측면에서 편리한 점이 있고, 일반 대출상품보다 비교적 금리가 낮고 중도상환수수료가 없다는 점에서 장점이 없다고 할 수는 없다. 그러나 이 상품은 기본적으로 대출상품이다. 은행에서 주택연금을 받을 수 있는 정도의 주택을 소유하고 있는 사람이라면, 어렵게 생각하지 말고 집을 팔아서 소형주택으로 옮기는 것이 낫다. 그런 다음, 차액으로는 상대적으로 고금리가 보장되는 회사채와 저가의 소형 오피스텔에 투자하여 이자와 임대소득으로 생활비를 마련하는 것이 보다 현명한 선택일 것이다.

현재 은행이나 보험사에서 판매하는 모든 종류의 연금 상품들은 정도의 차이가 있을 뿐, 철저히 금융회사의 편에서 설계되고 그들의 이익만을 추구한다는 점에서 동일하다. 은행이나 보험사에서 판매하는 연금은 국가에서 일반인을 대상으로 가입을 강제하는 국민연금, 공무원·교사·군인들이 가입하는 소위 특수직연금과는 성격이 매우 다르다.

현재 은행권에서 판매되는 개인연금 상품은 비과세 혜택도 없고 상품 운용에 대한 수수료를 내야 하는 비용의 문제도 있다. 보험사에서 판매하는 개인연금 상품의 경우, 10년 이상 가입하면 연금 개시 시점에 이자소득에 대해 비과세 혜택이 주어지는데, 그렇다고 해도 동일 기간에 가입한 은행의 과세 상품과 비교하면 금리 경쟁력이 떨어진다. 이는 보험사의 금리계산방식이 은행과 다르기 때문인데, 보험사는 은행과 달리 보험료에서 설계사 수당으로 나가는 수수료와 관리비를 제하고 금리를 계산한다. 무엇보다 중요한 것은 은행이나 보험사에서 판매하는 연금 상품은 국가에서 주는 혜택이 전혀 없고, 일반 금융 상품과 비교해 금리도 높지 않다는 점이다. 결론적으로 은행과 보험사에서 판매하는 연금 상품은 금리도 낮으면서 가입기간만 긴 일반 금융 상품일 뿐이다.

지금과 같은 저금리 시대에, 게다가 앞으로 더 금리가 높아지지 않는다는 것을 전제로 할 때, 은행과 보험사의 연금 상품에 가입한다는 것은, 금리 경쟁력이 없는 금융 상품에 장기간 적립하는 것밖에 안 된다. 지금보다 금리가 더 낮아질 수 있다는 점을 감안하면, 기간이 지날수록 체감이자는 더 줄어들게 된다. 이는 결국, 민간에서 운용하는 연금에 가입할수록 점점 더 가난해진다는 말이나 마찬가지다.

생각해보라. 지금 같은 저금리 시대에 그런 상품에 장기로 가입하는 것이 경제적으로 타당성이 있는가 말이다. 현재 은행과 보험사에서 운용하는 연금 상품 중에서 수수료를 공제하고 한국은행 기준금리 이상의 수익률을 내는 연금 상품이 있는지 살펴보고 나면 왜 가입하지 말아야 하는지를 좀 더 분명히 알 수 있을 것이다. 아무리 주식투자가 위험하다고 해도, 독점적 지위를 갖고 있는 국내 내수기업의 주식을 적금에 드는 것처럼 매월 사 모으는 편이 민간연금에 장기간 가입해서 돈을 까먹는 일보다는 낫다.

현재 국내 주식시장의 큰 흐름은 양극화다. 몇몇 대기업, 음식료품, 유통, 화장품 등의 내수시장을 장악하고 있는 독점기업들이 시가총액을 좌지우지한다. 이렇게 시장 지배력이 확실한 기업의 주가는 일시적으로 흘러내리더라도 반드시 전 고점을 회복하고 신 고가를 다시 쓴다. 정크 주식에 손대거나 신용거래를 하지 않고 자기 돈으로 장기간 저축하듯 우량 종목 중심으로 주식에 투자하면 위험을 크게 낮출 수 있다.

장기간 가입할수록 기회 이익이 줄어드는 민간 연금 상품이나 저축성 보험에 가입하는 생각 없는 투자는 하지 말자. 돈 한 푼이 아쉬운 시점에 왜 이런 선택을 하는가? 그것도 기준금리 1%대인 시대에 말이다.

간접 투자 상품과 이별을 고하라

나는 남에게 상처가 되는 말을 하기를 매우 꺼리는 편이다. 내가 다녔던 고등학교는 불교 학교였다. 그 당시에는 매주 2시간씩 진행하는 불교 교학시간이 정말 지겨웠다. 그러나 시간이 한참 흐르고 나니 그때 스님들이 하던 말 중에 새겨들을 만한 이야기들이 새삼 떠오른다. 남에게 상처 주는 말을 하면 자신에게 돌아오기 때문에 말을 삼가서 해야 한다는 것. 그래서 되도록 사람의 마음을 아프게 하는 말은 하지 않으려고 한다. 그런 내가 소위 말하는 제도권 금융회사의 마케팅 방식에 대해 쓴 소리를 하는 이유는 그래도 누군가는 팩트를 전해야 한다는 의무감 때문일 뿐 개인적인 감정은 없다.

요즘 나오는 펀드 상품들을 보고 있노라면 자신의 날개가 타들어가는지 모르고 높게 날갯짓을 하던 이카루스의 신화가 연상된다. 인간이 아무리 발버둥 쳐도 하늘에 도달할 수 없는 것처럼, 지식이 아무리 뛰어나도 시장의 변동성을 이겨낼 수는 없다. 그러나 펀드 상품을 내놓는 사람들은 자신들이 시장의 변동성을 이겨낼 수 있다고 말한다. 이는 투자자를 속이는 행위다. 그렇게 해도 날개가 타들어갈 염려가 없고, 자신들의 말에 현혹되어 펀드에 가입하는 사람이 늘어서 수수료로 호위호식 할 수 있으니 하는 말이 아닌가 싶다.

남미 경제권의 중심인 브라질의 재정 위기가 심각하다. 이 뉴스를 접하자마자, 모 펀드회사에서 소위 신흥시장에 투자하는 이머징마켓 펀드를 프로모션 했던 일이 떠올랐다. 그들의 말을 믿고 이머징마켓 펀드에 투자한 사람들은 지금 어떤 마음일까? 투자자들이 피눈물을 흘리는 동안 그들은 손해 하나 보지 않고 투자자가 낸 수수료로 막대한 수익을 챙겼다. 펀드 판매권 하나로 이 같은 막대한 이익을 얻는다는 건 문제도 보통 문제가 아니다.

요즘은 투자자들이 영리해져서 펀드 판매가 잘 안 되는 모양이다. 그래서 랩어카운트니, 자문형랩이니, ELS펀드니 하는 생소한 펀드를 잇달아 출시하면서 투자자들을 유혹한다. 걸려들지 마라. 펀드나 변액보험에 투자해서 끝이 좋았던 사람이 있는지, 만약 있다면 해당 투자기간에 코스피 평균 수익률은 얼마나 높았는지 알아보기 바란다. 금리가 낮아지니 별 해괴한 유사 금융 상품까지 지갑을 털려고 한다. 금리가 낮을수록 평정심을 잃지 말아야 한다.

만약 투자시장 내에서 날고 긴다는 금융·증권·부동산 전문가들이 당신의 돈으로 투자를 대행하고 수수료를 취한다고 가정해 보자. 그들이 그런 위치에 올라설 수 있었던 건 나름의 경험과 능력이 있었기 때문일 것이다. 그런 사람들이 자산운용에 대한 리스크를 회피하기 위해 투자금에 대한 충분한 위험 적립금을 확보한 다음 투자대행에 나섰다고 해도, 그 사실을 공표하고 공개적으로 돈을 펀딩하는 순간, 곧바로 감옥행이다. 정부의 허가를 받지 않은 금융투자 행위는 모두 유사금융법 위반으로 법적인 제재를 받기 때문이다. 그들의 자산운용 설계가 제도권보다 더 정교하고 원금까지 보장한다고 해도, 그런 일은 불법이다. 그러나 이들과 똑같은 방법으로 개인의 돈을 간접적으로 운용하는 자산운용사들은 운용의 결과로 손실이 발생해도 책임지지 않는다. 책임은커녕 운용수수료를 합법이라는 이름으로 꼬박꼬박 받아 간다. 과연 이 둘 사이에 무슨 차이가 있을까?

본질은 누가 더 안정적으로 자산을 운용해서 높은 수익을 올리고 합리적으로 수수료를 받느냐 임에도 불구하고 법은 자산운용사에게만 유리하게 되어 있다. 금융회사들이 막대한 자금을 들여 의회 권력에 로비를 하는 이유는 결국 자신들에게 유리한 제도를 만들어 그 이익을 영구화하기 위해서다. 이제 우리는 금융제도가 금융자본에게만 유리하게 만들어지는 이유를 알아야 한다. 그래서 간접투자 상품을 대표하는 펀드를 금융자본이 만든 최고의 빅 히트 상품이라고 조롱하는 것이다.

현재 판매되고 있는 변액보험을 포함한 펀드 상품들은 상품 운용의 결과에 대해 책임을 지지 않으면서 막대한 수수료만 챙긴다. 그러나 그 수익률이라는 것은 언제나 그렇듯 시장 평균에도 미치지 못하고, 투자 원금의 손실도 종종 발생한다. 부당하다고 생각하지 않는가? 지금의 펀드는 펀드회사의 대주주, 임직원들의 배만 불리는 상품임이 분명하다. 만약 개인이 투자 상품 리스트에서 펀드를 배제하고 다른 투자 상품을 선택해 포트폴리오를 운용했다면, 펀드에 투자한 것보다 성과가 훨씬 나았을 것이다.

지금 펀드회사들은 시장에서 그들에 대한 시선이 곱지 않다는 것을 알고 자산의 구성을 달리한 신상품들을 출시해 돌려막기를 하고 있다. 그러나 펀드의 이름이 바뀌고, 자산운용의 형태가 바뀐다고 해서 고객착취형 상품인 펀드의 색깔이 변하는 것은 아니다. 노후준비자금이라는 것이 어떤 성격의 돈인가? 사람에 따라서는 생명줄 같은 돈이다. 그런데 이 돈을 신뢰할 수 없는 자산운용사의 말만 믿고 투자할 것인가? 답이 없어서 펀드에 투자한다는 사람들이 있는데, 펀드에 투자하느니 차라리 내수시장에서 독점적 시장점유율을 가진 기업의 주식을 적금 들듯 매달 사 모으든지, 증권사가 장외거래로 매입한 소액 채권에 직접 투자하는 편이 더 낫다. 결국 투자는 자신이 직접 리스크를 안고 투자하는 것이 정석이다.

말로는 이렇게 쉽게 얘기할 수 있지만 직접 투자 경험이 없는 사람에게는 자신이 투자의 주체가 된다는 것이 여전히 어렵고 두려운 것이 사실이다. 그러나 이는 어렵고 쉽고의 문제가 아니라 경험의 문제다. 모르는 길을 가는 것이 두려운 까닭은 그 길의 지형을 모르기 때문이지 그 길에 반드시 난코스가 있기 때문은 아니다.

직접 투자라고 해서 변동성이 큰 코스닥이나 선물옵션 같은 파생상품에 투자하라고 말하는 것은 아니다. 확실하게 원금이 보장되고 수익률은 은행 정기예금의 2배 이상 되는 채권이나 채권 관련 상품, 비교적 소액으로 투자가 가능한 저가 오피스텔에 임대수익을 노리고 투자하라는 것이다. 변동성의 위험에 노출되어 있는 주식에 투자한다 해도, 채권이나 수익성 부동산에 투자함으로써 발생하는 이자와 임대수익으로 하라는 것이다.

현재의 시장금리는 과거의 일반적인 금리사이클에서 한참을 이탈해 있다. 당분간, 아니 금융위기가 다시 찾아오지 않는 한, 정상적인 경제흐름에서는 금리가 오를 일이 없다. 이 지독한 저금리 시장에서 간접투자로는 수수료만 날릴 수밖에 없기 때문에 직접투자를 적극 모색하라고 권하는 것이다. 어려울 것 없다. 채권은 소액으로 투자할 수 있는 매물을 증권사 창구에서 투자하면 되고, 소액의 저가 오피스텔도 해당 지역 부동산 중개사무소에 가서 일일이 묻고 체크하고 수익률을 보고 나서, 투자금이 모자라면 은행권에서 해당 담보물건의 대출조건을 따져본 다음, 이익이 난다고 판단될 때 투자하면 된다. 문제는 본인이 직접 발품을 팔아 리스크를 체크하고 투자하는 수고를 해야 한다는 것뿐이다.

대출을 이용할 때의 팁 하나를 더하자면 대출은 아무래도 예금을 받는 은행권의 금리가 싸다. 은행권이라고 할 때 그 기준은 시중은행 뿐 아니라 소위 제2금융권이라고 불리는 저축은행, 마을금고(단위농협, 새마을금고, 신협)까지 포함된다. 이 중 저축은행의 대출금리가 가장 경쟁력이 없고, 마을금고는 각 지역에 산재해 있는 금고들이 처한 환경에 따라 조금씩 다르다. 이런 점들을 미리 고려하여 담보 대출 시 가장 유리한 조건을 제시하는 곳을 선택하면 된다. 담보대출은 금리가 저렴한 것이 최선이기 때문에 마을금고를 회피할 이유가 전혀 없다.

소액으로 채권에 투자하는 법

증권이란 주식을 포함한 채권, 기타 유가증권을 모두 포함하는 것으로 증권을 발행하고 유통시키는 곳이 바로 증권시장이다. 따라서 채권도 주식처럼 증권시장 내에서 실시간으로 거래가 가능하며 이를 장내 거래방식이라고 한다.

이와 다르게 증권사가 별도로 채권을 인수하여 거래하는 방식을 장외 채권거래라고 부른다. 채권거래가 주식과 다른 점은 장내보다 장외에서 더 활성화되어 있다는 점이다. 그 이유는 채권은 동일 기업이 발행한 채권 간에도 만기일, 이자율이 각각 달라서 이를 표준화 하는 데에 어려움이 있고, 이를 전산화하기 위해서는 시간과 비용이 많이 든다는 한계가 있기 때문이다.

장내 채권거래는 주식과 거래하는 방식이 같다. 집에서 증권거래 프로그램을 이용해 계좌를 만들고 이 계좌를 통해 매입 수량과 거래 가격을 입력하면 채권거래가 성사된다. 그러나 앞서 말한 대로 채권은 발행기관이 같다고 해도 만기일, 이자율, 발행금액이 모두 다르기 때문에 주식처럼 표준화해서 전산화하기 어렵고, 입찰금액이 적은 경우에는 발행 물량이 소화되지 않는 위험도 있다. 그런 이유로 장내에서는 거래조건을 표준화하기 쉬운 국공채 중심으로 거래가 이루어진다. 국공채는 다른 채권과 비교해서 발행조건이 일정하고 반복적으로 발행되기 때문에 거래시스템에 적용시키기가 편하다.

그렇다면 소액으로 채권에 투자하는 개인들이 국공채 이외의 다른 채권, 특히 상대적으로 고금리로 발행되는 회사채, 카드채, 후순위채권 등은 어떻게 거래해야 할까? 바로 장외 거래방식으로 거래하면 된다.

장외 채권거래는 중고차 시장에서 자동차를 구입하는 것과 비슷한 방식으로 이루어진다. 신차는 차종에 따라 가격과 사양이 일정하지만, 중고차는 같은 종류, 같은 연식이라고 해도 주행거리, 사고 이력 등 다양하고 복잡한 요소들을 반영하여 천차만별의 가격이 결정된다.

중고차는 이런 점들을 감안하여 중고차 업주가 가격을 정하고 소비자를 찾는다. 중고차 업주처럼 장외거래에서 채권의 가격을 정하고 이를 소비자에게 판매하는 주체가 바로 증권사다. 증권사는 회사의 사정을 고려하여 매입채권의 가격을 정한다. 이런 과정을 거쳐서 매입한 채권들은 동일 채권일지라도 매입 증권사에 따라 판매조건이 다르다.

결론적으로 장외거래 방식은 증권사가 장외시장에서 매입한 채권을 개인에게 파는 물량에 투자하는 것이다. 대형 증권사의 금융몰에는 이렇게 매입한 채권상품의 리스트가 일정 기간마다 업데이트된다. 소액의 개인투자자는 복잡하게 장내 시장에서 투자할 필요가 없다. 증권사 금융몰에 올라와 있는 채권 상품의 리스트를 보고 그 중에서 안정성과 수익률을 고려해 투자할 상품을 선택하면 되기 때문이다.

채권은 발행 주체가 어디냐에 따라 투자의 안정성이나 수익성이 각각 다르기 때문에, 지나치게 높은 수익만 보고 상품을 선택해서는 안 된다. 우량기업이 발행하는 채권은 발행금리가 낮지만, 적격투자 최저단계인 BBB- 등급의 회사채는 발행금리가 은행의 정기예금과 비교해 최고 5배 이상 높다. 물론 안정성은 떨어진다. 기업이 발행하는 자산유동화증권, 기업어음도 같은 논리가 적용된다.

기업이 발행하는 회사채, 자산유동화증권, 기업어음 등의 고금리 상품에 투자할 때 특히 주의해야 할 점은 그 상품이 무엇이든 고금리일수록 위험 역시 비례해서 높아진다는 점이다. 결론적으로 말해서 채권처럼 발행금리가 확정된 안전자산을 자산운용사에 수수료를 내가면서 간접 투자한다는 것은 정말 이해할 수 없는 일이다.

정기예금에 대한 미련을 버려라

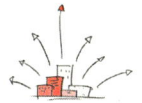

한때 서울 강남 소재의 저축은행을 '강남부자들의 사금고'라고 부르던 시기가 있었다. 저축은행은 은행의 고유계정인 정기예금, 정기저축 등의 상품을 판매해 이를 재원으로 고금리 대출을 해서 먹고 살았다. 따라서 저축은행은 대출금리가 높은 대신 예금금리 역시 은행보다 높았다. 그러나 건설 경기 불황으로 건설 회사들이 대거 무너지면서 이들에게 대출해준 이른바 PF론(Project Financing Loan)이 부실화되어 개인이 대주주였던 저축은행 상당수가 문을 닫게 되었다. 이 틈을 일본계 대부회사가 파고들었고, 그들이 저축은행을 인수하면서 금리가 은행의 정기예금 금리와 별 차이가 없어졌다. 여기에 한국은행의 기준금리까지 낮아지자 저축은행 정기예금의 이점이 사라졌다.

정기예금을 대체하는 확정금리형 수익 상품을 찾아나서야 하는 이유가 여기에 있다. 그 대안 중 하나가 채권이다. 채권은 기업, 금융회사, 정부가 필요한 자금을 조달하기 위해 발행한다. 기업이 발행하는 채권을 회사채, 정부가 발행하는 채권을 국공채, 은행이 발행하는 채권을 금융채라고 부를 뿐, 각 기관이 발행하는 채권의 성격은 동일하다.

채권은 정기예금처럼 확정된 이자를 지급하는 상품이지만 발행기관의 신용도, 발행 시점의 금리 등에 따라 가변성이 크기 때문에 채권투자로 정기예금 금리 이상의 수익률을 올리는 일은 언제든 가능하다. 즉, 상대적으로 신용등급이 낮은 채권에 투자하면 수익률이 높아진다. 그러나 그만큼 리스크의 함정을 조심해야 한다는 부담도 존재한다. 그런데 문제는 이 지독한 저금리 시대에는 채권의 수익성도 그 영향을 피해갈 수 없다는 점이다. 그럼에도 불구하고 여기서 채권을 소개하는 이유는 그나마 은행의 정기예금보다는 수익률이 높기 때문이다.

증권시장에 등록되어 있는 중견기업이 발행하는 채권은 안정성에 문제가 없고 수익률도 은행 정기예금보다 높다. 따라서 노후를 준비하는 사람에게는 이후에 살펴볼 독신가구를 위한 임대주택 투자로 발생하는 월세를 채권과 연계시켜 투자하는 것이 지금의 투자환경에서는 그나마 안정성과 수익성이라는 측면에서 최고의 조합이라고 할 수 있다.

채권을 모르는 사람은 아마 거의 없을 것이다. 집을 사거나 자동차를 살 때도 채권을 매입해봤을 것이고, 매입한 채권을 할인해본 경험도 있을 것이다. 그러나 투자수단으로 채권을 활용하는 부분에 대해서는 낯설다고 대답하는 사람이 많을 것이다. 그러나 보통예금처럼 단기간동안 운용하는 자금으로 투자하는 머니마켓펀드(MMF, Money Market Fund), 환매조건부 채권 같은 상품들이 모두 채권과 연관이 있고, 은행의 신탁형 상품 대다수가 채권을 주요 자산운용 수단으로 삼고 있다는 점에서 간접적으로나마 이미 대다수 사람들이 채권에 투자한 경험이 있다.

그런데 왜 지금 채권을 알아야 하는가? 답은 매우 명확하고 단순하다. 은행 정기예금보다 돈이 되기 때문이다. 그렇다면 지금부터 채권이 은행의 정기예금보다 왜 좋은지 그 이유를 알아보자.

첫째, 채권은 골라 먹는 재미가 있다. 채권은 발행하는 기관이 어디냐에 따라 정말 다양한 상품이 존재한다. 흔히 국공채라고 하는 정부·정부투자기관·지자체에서 발행하는 채권으로부터 기업이 자금을 조달하기 위해 발행하는 채권, 금융회사가 발행하는 채권에 이르기까지 실로 다양한 상품이 존재한다. 반면에 정기예금은 은행, 마을금고, 저축은행 등 다양한 곳에서 판매하지만 회사만 다를 뿐 그 내용과 금리가 천편일률적이다. 채권은 이자 지급 방법에 따라 복리채, 할인채, 이표채 등 다양한 방식으로 나뉘고, 같은 회사채라고 해도 발행기업의 신용등급에 따라 금리가 다양하다.

중국집에 가면 항상 고민하는 것이 짜장면을 먹을 것인가 짬뽕을 먹을 것인가 하는 문제다. 그래서 나온 것이 한 그릇을 구분해 반반씩 짜장면과 짬뽕을 담은 짬짜면이다. 채권도 짬짜면과 같은 상품이 있다. 채권상품이라고 말하기도 어렵고, 그렇다고 주식이라고 말하기도 어려운 채권과 주식의 장점을 모두 갖춘 상품으로, 메자닌(Mezzanine)이라고 불리는 주식연계채권이다. 주식연계채권은 최초에는 채권으로 발행되지만 주가의 변동에 따라 처음부터 부여된 옵션권을 행사하여 투자 수익을 극대화시킬 수 있는 상품이다.

이렇듯 채권상품은 정기예금과 달리 매우 다양한 스펙트럼으로 존재한다. 발행기관의 신용도가 높은 채권, 이를 테면 국고채나 삼성전자 같은 우량기업이 발행한 회사채는 수익률이 정기예금에 비해서 그리 높지 않다. 그러나 투자 적격 채권이지만 초우량 기업보다 신용 등급이 낮은 기업이 발행하는 회사채는 정기예금보다 2~3배 이상 금리가 높은 경우도 많다.

둘째, 채권은 사고파는 재미가 있다. 정기예금은 만기 전에 해약할 경우, 금리에서 불이익을 받는다. 그러나 채권은 만기 전에 중도 매매를 해도 매매시점의 금리변동을 잘 이용하면 차익까지 기대할 수 있다. 채권의 수익률은 금리와 반비례하기 때문에 채권금리가 낮을 때 매입하여 채권금리가 높을 때 매도하면 수익이 크다. 채권의 매매에 관해 더 알고 싶은 사람은 꼭 증권사 창구에 가서 채권투자 상품설명서를 살펴보고 공부하기 바란다.

셋째, 쌈짓돈으로 투자가 가능하다. 이 조건이 정기예금과 비교해 우위에 있는 조건이라고 말하기는 어렵다. 은행의 정기예금도 소액의 쌈짓돈으로 투자할 수 있기 때문이다. 그럼에도 채권을 소액으로 투자할 수 있다는 것을 장점으로 삼는 이유는, 대부분의 사람들이 채권은 거액이 있어야 투자할 수 있다는 생각을 갖고 있기 때문에 그렇지 않다는 것을 얘기해주고 싶어서다.

 채권은 만기일, 액면가 등이 매우 다양해서 이를 전산화하기가 힘들다. 따라서 전산화가 비교적 용이한 국공채의 거래량이 많고 기관 위주로 거래되는 것이 보통이다. 증권시장 내에서 소액투자자가 채권을 거래하기는 쉽지 않다. 그러나 이 문제는 증권사 창구를 찾아서 투자하면 쉽게 해결이 가능하다.

 증권사는 더 많은 고객을 유치하기 위해 소액 채권 거래를 활성화시키고 있다. 자신들이 장외 시장에서 매입한 채권을 소액으로 쪼개 팔면서 잠재고객을 늘릴 수 있고, 여기서 발생하는 운용 이익도 상당하기 때문이다. 이 경우, 개인은 증권사 창구를 방문하여 투자할 채권의 일반적인 정보를 확인하고 해당 채권에 투자하면 된다. 이런 방식으로 증권시장을 거치지 않고도 증권사와 장외거래 방식으로 얼마든지 손쉽게 소액의 채권 거래를 할 수 있으니, 이 부분은 걱정하지 않아도 된다.

 이 책에서 주로 다루는 투자 상품은 사실 채권이 아니다. 독신가구를 대상으로 하는 소형 임대주택이다. 그런데 왜 채권 얘기를 하느냐고 묻는다면, 거의 제로금리나 다름없는 상태에서 비교적 소액으로 투자할 수 있고 정기예금 금리보다 2배 이상 수익을 낼 수 있는 확정수익률 상품은 사실상 수익성 임대 부동산과 채권뿐이기 때문이다. 그러나 채권에 대해서 상세히 다루려면 그 내용이 너무 방대해지기 때문에, 꼭 필요한 부분만 정리해서 저금리에 대응하는 수단으로서 채권의 중요성을 강조한 것이다.

 〈1-3〉은 주요 채권수익률을 도표화 한 것이다. 여기서 일반 독자들이

〈1-3〉 주요 채권 수익률 (단위 %)

채권 종류	연중최고	연중최저
통화안정증권(2년)	2.846	2.430
한국전력공사채권(3년)	3.146	2.655
산업금융채권(1년)	2.771	2.386
회사채(무보증 3년) AA-	3.346	2.876
회사채(무보증 3년) BBB-	9.047	8.581
양도성예금증서(91일 물)	2.66	2.35
기업어음(91일 물)	2.90	2.41

(출처_ KOFIA BIS, 2014년 9월 5일)

궁금하게 생각할 수 있는 부분을 정리하면 다음과 같다.

채권 금리가 차이 나는 이유

채권 금리는 시장금리의 수준, 발행기관의 신용등급에 따라 달라진다. 쉬운 예로 삼성전자처럼 우량한 기업이 발행하는 채권은 시장에서 가장 안정된 채권으로 여겨지는 정부 발행 국공채와 발행금리가 거의 같다. 이는 그만큼 삼성전자의 신용등급이 우수하다는 것을 뜻한다. 반면, 업계 전반적으로 유동성의 위기를 겪고 있는 건설사들은 증권시장에 상장된 기업이라 할지라도 잠재적인 위험요인이 크기 때문에 발행금리가 높다. 높은 수익률에는 높은 위험이 따른다는 원칙을 생각해보면, 상식적으로 이해가 되는 얘기다.

신용등급에 따라 채권을 분류하면, 원리금 지급의 확실성이 최고 수준이고 투자위험이 거의 없는 AAA등급, 이보다 다소 안정성이 떨어지는 AA와 A등급, 장래 경영환경의 변화에 따라 투자위험이 높아질 수 있는 BBB, BB, B등급, 투자위험이 높아 투기등급으로 분류되는 CCC, CC, C등급, 마지막으로 원금과 이자가 지급불능 상태에 있는 D등급으로 나뉜다. 이들 등급 중 AA등급부터 CCC등급까지는 등급의 상대적인 우열에 따라 +- 기호를 첨부해 신용등급을 나눈다. 보통 BBB-등급의 채권까지가 증권시장에서 상장되어 거래되는 투자 적격 채권이다.

이제 채권의 신용등급 분류에 따른 발행금리 차등화에 대해 이해했다는 가정 아래 다시 〈1-3〉 도표를 보자. 도표 내용 중 AA- 등급 회사채의 연중 최고 수익률이 3.346%인 데 비해 BBB- 등급 회사채의 연중 최고 수익률은 9.047% 임을 확인할 수 있다. 이렇듯 시장에서 유통되는 회사채의 수익률에 큰 차이가 나는 이유는 바로 발행기업의 신용등급 때문이다. 따라서 한국은행의 기준금리가 1.50%라 해도 리스크만 잘 관리하면 채권투자로 10%의 수익률을 올리는 것도 가능하다.

단기금융 상품을 대표하는 기업어음과 양도성 예금증서

〈1-3〉 도표를 보면 기업어음과 양도성 예금증서(CD, Certificate of Deposit)의 금리가 거의 비슷하다는 것을 확인할 수 있다. 양도성 예금증서는 은행이 단기자금을 조달하기 위해 발행하는 금융채권으로 보면 된다. 대체적으로 양도성 예금증서의 금리는 은행의 정기예금 금리와 비슷한 흐름을 보인다. 반면 기업어음은 기업이 단기자금을 조달하기 위해 발행하는 일종의 융통어음으로, 발행하는 기업의 신용등급 차이에 따라 회사채만큼이나 차등화된 금리로 발행된다.

일전에 동양종금에서 시장에 유통시켜 문제가 된 기업어음은 비정상적으로 금리가 높았다. 그래서 금리만 보고 투자한 사람들이 기업의 파산으로 큰 어려움을 겪은 사실을 독자들도 언론을 통해 접했을 것이다. 기업어음이 단기 금융 상품 중에서 가장 고금리 상품인 것은 맞지만, 예금자 보호가 안 된다는 사실을 염두에 두고, 투자 전에 발행기업의 재무정보를 잘 체크해서 투자해야 한다.

결론적으로 말해서 채권은 투자 위험을 잘 관리해서 투자하면 상대적으로 높은 금리를 받을 수 있지만, 만약 발행기업이 파산하는 경우에는 원금을 돌려받지 못하는 상품이다. 이 같은 사실을 명심하여 고금리만 추구하는 투자 자세는 버려야 한다.

은행권의 금융 상품을 놔두고 채권과 수익성 임대 부동산을 노후준비의 효자상품이라고 강조하는 이유는 실상이 그렇기 때문이다. 수많은 재테크 서적들의 문제는 돈도 안 되는 은행, 보험사 금융 상품의 프레임 안에서 해답을 찾도록 강제하는 부분이다. 이렇게 된 이유는 그 책의 저자들 대부분이 현직에 있는 금융회사의 임직원이거나 영업조직에 있는 사람들이기 때문이다. 그들은 어쩔 수 없이 금융회사의 이익이 되는 선에서 논리를 전개한다. 이들의 논리에 말려들면 시장이라는 거대한 숲을 보지 못하고 금융회사가 판매하는 상품 안에서 투자 대안을 찾게 된다.

이러한 프레임에서 벗어나지 못하면 연금신탁이 어떻다는 둥, 퇴직연금을 잘 가입하려면 어떻게 해야 한다는 둥 본질에 다가서지 못하는 이야기만 하게 된다. 이렇게 되면 자신의 가처분 소득을 잡아먹는 투자를 할 수밖에는 없다. 제발 우리의 생명줄 같은 노후자금을 돈도 안 되고 금융회사 임직원과 영업조직만 배불리는 상품에 투자하지 말자.

종금사와 기업어음

수십 곳에 달하던 투금사(종금사의 전신)가 IMF 금융위기로 인해 파산하면서 이제 메리츠, 금호, 유안타(옛 동양) 정도가 남아 있다. 그러나 아이러니하게도 투금사의 고유계정 상품인 기업어음, CMA 등은 진화를 거듭했고, 요즘은 증권사에서도 RP형 CMA를 매우 활발하게 프로모션하고 있다. 본래 투금사는 기업어음을 인수하여 중개하는 것을 전문으로 하는 회사였다. 그런 이유로 사람들의 뇌리 속에 투금사는 기업어음 거래를 통해 파생되는 상품을 전문적으로 취급하는 회사로 각인되어 있다. 투금사의 금리는 어음 발행 기업의 위험 가중치와 거래시점의 시장금리를 종합적으로 판단하여 결정된다. 현재, 종금사에서는 투금사에서 다루던 상품을 비롯하여 은행의 정기예금처럼 매월 이자를 지급하는 발행어음과, 일종의 장기 적금상품인 적립식 RP까지도 다루고 있다.

기업을 알아야 돈이 보인다

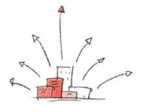

 기업 또는 회사라는 단어를 들으면 무엇이 먼저 연상되는가? 제품을 생산하거나 서비스와 용역을 제공하고 부가가치를 창출하는 곳. 아마 일반의 상식은 이 범주에서 크게 벗어나지 않을 것이다. 그런 한편으로 기업은 세상에 존재하는 모든 고수익 금융 상품을 발행하는 주체이기도 하다.
 증권시장은 주식뿐만 아니라 채권(회사채), 전환사채, 신주인수권부사채, 교환사채, 후순위채권을 포함한 자산유동화증권, 기업이 단기자금을 조달하기 위해 발행하는 기업어음 등이 유통되고 거래되는 곳이다. 이들 상품의 한 가지 공통점은 발행주체가 기업이라는 점이다. 투자라는 것은 결국 기업을 대상으로 하는 것이고, 우리가 투자에 성공하기 위해서 기업을 공부해야만 하는 이유가 여기에 있다. 기업을 공부하다보면 해당 기업의 재무 상태나 주력 업종의 전망에 대해서도 알 수 있다. 이렇게 되면 투

자 기업의 리스크를 파악할 수 있게 되고, 향후 비전까지도 어느 정도 예측할 수 있게 된다.

현재 은행, 보험사 저축성 상품의 금리는 물가상승률을 감안하면 거의 제로 수준이다. 이 와중에 확정금리를 지급하면서 그나마 은행 정기예금보다 높은 금리를 보장하는 상품이 기업어음, 회사채, 주식연계상품, 후순위채권을 포함하는 유동화증권 등이다. 최근 이들 상품에 개인투자자들의 관심이 매우 높아진 것도 결국 작금의 저금리 탓이다.

요즘들어 은행, 보험사만 알던 보수적 투자자들도 이들 상품의 투자에 적극적으로 나서고 있다. 금융시장에서 유통되는 거의 모든 고금리 금융상품(은행 예금에 비해 상대적으로 높은)의 특징을 한 마디로 정리하면, 앞에서 말한 것처럼 이 모든 상품의 발행주체가 기업이고, 이를 증권사와 종금사에서 시장에 유통시킨다는 점이다. 기업이 단기자금을 조달하기 위해 발행하는 상품이 기업어음이고, 기업의 매출채권을 담보로 이를 유동화시켜 발행하는 것이 자산유동화증권이며, 기업이 장기간의 자금조달을 위해 발행하는 것이 회사채. 물론 주식시장에서 주식을 발행하는 것도 기업이다.

투자자가 은행에 가서 신탁상품을 선택하면, 은행은 투자자의 돈으로 기업이 발행한 장단기 상품에 간접투자한다. 직접 투자하면 수수료를 내지 않아도 되는데, 뭣하러 은행, 펀드사의 채권형 상품에 간접 투자하느냐는 말이 나오는 배경이다.

주식을 가장 잘하는 방법은 무엇인가? 다양한 견해가 있을 수 있지만,

기본은 주식을 발행한 기업의 경영 상태를 파악해 미래에 이익을 더 많이 낼 수 있는 기업에 투자하는 것이다. 기업이 발행하는 확정금리 상품도 예외가 아니다. 일전에 동양종금이 자사 계열사가 발행한 기업어음을 유통시켜 판매하면서 그 위험을 사전에 고지하지 않았었는데, 결국 발행기업이 파산하면서 해당 상품에 투자한 사람들은 고스란히 원금을 날렸다. 만약 그들이 투자하기 전에 기업어음이 예금자 보호가 되지 않는 상품이고, 상대적으로 고금리로 발행된 기업어음은 투자위험이 높다는 사실을 미리 알고 투자를 결정했다면 그와 같은 낭패를 보지는 않았을 것이다.

기업어음과 같은 고금리 상품에 투자할 때는 '왜 이 기업이 이토록 높은 금리를 제시하면서 어음을 발행했을까?' 하고 의심해보아야 한다. 그런 다음, 해당 기업의 전년도 결산서, 최근의 현금흐름표, 증권가에 도는 다양한 정보를 수집하여 투자할지 말지를 종합적으로 판단한 뒤에 투자를 결정해야 한다. 기업어음이 예금자 보호가 되지 않는 상품이라는 사실을 알면서도 사전에 해당 기업의 재무상태도 모르고 고금리의 유혹에 넘어가 투자했다면 그 누구보다 자신의 잘못이 크다. 고수익을 올리기 위해서는 리스크 관리가 필수라는 점을 잊지 말기 바란다.

고수익 상품에 위험 없이 투자하기 위해서는 기업을 공부하는 수밖에 없다. 지금까지 많은 사람들은 금융회사를 통한 간접투자를 당연한 일로 여겨왔기 때문에 그밖에 다른 생각을 하지 못했다. 그렇다보니 저금리라는 벽을 만나고 나서 그 벽을 넘어서는 방법을 못 찾고 있다. 다시 말하지만 이 세상에 존재하는 거의 모든 금융 관련 투자 상품은 기업이 생산해

〈1-4〉 투자, 어느 방법이 더 경제적인가

간접투자	직접투자
은행·보험사·자산운용사를 통한 간접 투자	증권시장·증권사·종금사를 통한 기업어음·채권·주식·주식연계채권·후순위채권 등의 유동화증권에 직접투자
신탁이나 펀드형 상품은 운용수익과 무관하게 고정적으로 운용수수료가 발생한다	수수료가 없거나 낮다
보험사 상품은 납입금에서 사업비 공제 후 수익률을 정산한다. 따라서 명목금리와 무관하게 원금 회복에 많은 시간이 걸린다	발행기업의 신용등급에 따라 수익률이 달라진다. 적어도 은행 정기예금 이상의 수익이 발생한다. 그러나 이들 상품은 은행권 상품들처럼 예금자 보호가 되지 않는다. 따라서 금리가 높더라도 이에 따르는 위험을 잘 분석하고 투자를 해야 한다
은행권의 확정금리 상품은 기준금리에 절대적인 영향을 받기 때문에, 세후 0%대의 수익률을 기록 중이다	개인의 자산운용능력에 따라 수익률 편차가 크다

내머, 이 상품들은 증권시장이라는 매개체를 통해 거래된다. 은행, 보험사 역시 증권시장을 통해 그들의 상품을 사고팔아 자산을 운용한다.

증권사를 통해 금융시장의 고금리 상품인 기업어음, 채권, 후순위채권을 포함한 유동화증권, 주식, 주식연계채권까지 직접 투자할 수 있다. 직접 투자하면 수수료도 없거나 낮다. 왜 이 좋은 방법을 두고 은행이나 보험사 상품에 한정해서 자산을 운용하는가? 지금까지 몰랐다면 이제부터라도 적극적으로 직접 투자하는 방법을 생각하라. 그 중심에 기업에 대한 공부가 있어야 한다.

〈1-4〉 도표는 간접투자와 직접투자의 장단점을 비교 한 것이다. 어느 방법이 더 경제적이라고 판단되는가? 그 답은 당신의 선택에 달려 있다.

T/I/P 사채시장을 이용해 기업정보 알아내는 법

일반인들에게 사채시장은 고금리 대출, 불법 채권추심 등 악질적인 이미지가 강하다. 그러나 사채시장은 상거래로 받은 어음을 할인해서 자금을 융통하는 창구의 역할을 하고, 실시간으로 기업의 재무상태를 파악할 수 있는 정보창구가 되는 등 어느 정도 순기능도 있다.

기업 어음 시장은 철저하게 신용으로 거래된다. 따라서 만약 사채시장에서 해당기업의 어음이 취급되지 않거나, 기업의 명성에 비해 할인금리가 지나치게 높다면, 제도권 금융에서 감지하지 못한 재무적 위험이 크다고 볼 수 있다. 대개 이런 기업들은 파산하거나 발행어음이 부도나는 경우가 많다.

한 때, 명동 사채시장과 주요 기업 자금부서는 거미줄처럼 인맥이 형성되어 있었다. 금융권에 통합전산망이 구축되기 이전까지 제도권 금융사조차 이들의 정보에 의존했을 정도였다. 지금도 증권가 찌라시 정보보다는 이들의 정보가 정확하다는 의견이 많다.

그렇다고 맹신은 금물이다. 다만, 자신이 투자하려는 기업에 대한 다양한 정보를 알아내고 싶다면, 기업어음을 주종목으로 하는 중개사무실에 문의하여 재무현황을 간접적으로 확인할 수 있다. 자신이 투자하려는 기업의 어음이 이곳에서 지나치게 높은 금리로 거래되거나 아예 취급조차 되지 않는다면, 해당 기업의 재무상태에 경고음이 켜진 것으로 보고 투자에 유의해야 한다.

추락하는 금리에는 날개가 없다

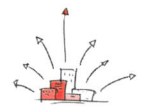

〈1-5〉 도표는 최근 5년 동안의 예금금리 추이다. 이 추이를 보면 은행의 정기예금 금리가 5년 사이에 반 토막 났음을 알 수가 있다. 현재는 한국은행의 기준금리 인하로 예금의 세후 수익률이 1%대다. 더 큰 문제는 최근 들어 금리가 오르내리는 사이클이 실종되고 계속 추락만 하고 있다는 점이다. 앞으로도 금리는 오르지 않고 오히려 낮아질 가능성이 크다. 정부는 여전히 경제 성장에 올인하고 있다. 정부의 경기부양책은 대개 기업에 대한 수출을 독려하는 것인데, 그러려면 기업에 대한 확실한 유인책이 필요하다. 이때 기업에게 제공되는 당근이 저금리의 기업금융을 제공하고 고환율 정책을 사용하는 것이라고 보면 된다.

저금리를 부추기는 또 다른 주제는 복지예산이다. 복지예산을 늘리기 위해서는 증세가 반드시 필요한데, 증세에는 부자나 가난한 사람이나 모

〈1-5〉 최근 5년간 예금금리 변화 추이(단위 %)

2008년	5.87
2009년	3.48
2010년	3.86
2011년	4.15
2012년	3.70
2013년	2.89
2014년 1분기	2.75
2014년 2분기	2.69

*2년 만기 신규 취급액 기준(출처_ 한국일보)

두 강력한 조세저항을 하기 때문에 쉽지가 않다. 정치적 부담을 줄이면서 복지예산을 증액시키는 방법은 국채 발행을 늘리는 것이다. 재정 적자가 나든 말든 국채를 발행해서 예산을 늘리는 것인데, 그나마 적자를 줄이기 위해서는 저금리를 추구하는 수밖에 없다. 최근 들어 정부가 한국은행의 기준금리 결정 과정에 보이지 않는 압력을 행사하는 것도 정치·경제적으로 복잡한 이해관계가 얽혀 있기 때문이다.

금리의 상승과 하락이 단순히 시장의 논리만으로 이루어지지 않는 것이 현실이다. 따라서 작금의 경제 흐름을 읽고 초저금리에 대비하는 투자 전략을 시급히 마련하지 않으면 안 된다.

초저금리 하에서는 은행이나 보험사 저축성 상품의 경제성이 매우 떨어진다. 과거처럼 시장금리가 높으면 은행상품도 대안이 될 수 있겠지만, 지금은 상황이 그렇지 않다. 이 책에서 독신가구를 대상으로 하는 주거용 임대주택의 경제성을 검증하는 이유도 이 같은 초저금리 상황의 경제 흐름을 바탕에 깔고 있는 것이다.

나는 가끔 편의점과 동네 슈퍼마켓의 차이에 대해 생각하곤 한다. 내가 즐겨 마시는 캔커피, 콜라, 초콜릿 같은 식품들은 슈퍼마켓과 편의점의 가격에 차이가 많이 난다. 같은 회사 제품임에도 불구하고 편의점 가격이 슈퍼마켓 가격보다 20% 정도는 비싼 것 같다. 그런데도 이 식품들을 편의점에서 소비하는 사람들은 도대체 무슨 생각일까 싶다. 아마도 개인적인 취향, 익숙한 소비습관 등의 이유가 있을 것이다. 그런데 만약 소비의 결과, 몇 천 원이 아닌 수십만 원 이상의 차이가 난다고 해도 그런 선택을 할까? 안타깝지만 많은 사람들이 그런 선택을 하고 있다.

한국은행 기준금리가 1%대에 머물고 있고, 은행의 정기예금이 물가상승률보다 낮은데도 굳이 은행에서 금융 상품을 소비한다. 도대체 왜 그러는 걸까? 가처분 소득 10만 원을 증가시키는 일이 얼마나 어려운지 생각해보라. 정규 소득 이외의 가처분 소득이 생긴다는 건 그만큼 저축을 하거나 소비할 수 있는 여유가 생긴다는 의미다. 투자 상품을 잘 선택하는 것만으로 이 돈이 생긴다고 생각해보라. 신중하지 않을 수가 없다. 금융 상품 하나만 잘 선택하면 슈퍼마켓에서 물건을 사는 것보다 수십 배, 수백 배의 이익을 취할 수 있다.

경제가 어려울수록, 시장금리가 낮아질수록 투자를 잘해야 한다. 당신에게 남은 인생은 생각보다 길고, 당신은 아직 준비가 되어 있지 않은 상태다. 소득이 줄면 투자라도 잘해서 가처분 소득을 늘리는 수밖에 문제를 해결할 방법이 없다.

원룸은 1% 금리시대 최고의 상품이다

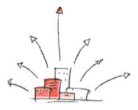

요즘 고시원에는 고시생이 없다. 물론 고시생들이 전혀 없다고 말할 수는 없다. 그러나 전체 고시원 거주자들 중 고시생들의 비중은 미비한 수준이다. 전국적으로 고시원(고시텔)이 2만여 개가 넘고, 지금도 그 수가 계속 늘고 있기 때문에 정확한 숫자를 파악하기도 쉽지 않다. 그 중 70%가 서울을 비롯한 수도권에 있다. 수도권의 집값이 비싸기는 비싼가 보다. 그러니 고시원에 거주하는 사람이 계속 늘고 있는 것일 게다. 그런데 사람들이 잘못 알고 있는 것 중 하나가 고시원에 가난한 독신자들만 살고 있다는 생각이다. 요즘 고시원은 시설이 천차만별이고 위치에 따라 가격이 웬만한 주택의 월세보다 높은 곳도 많다.

서울 강남이나 신촌의 샤워실과 화장실을 갖춘 원룸형 고시원의 경우, 월세 50만 원은 보통이고 60~70만 원인 곳도 적지 않다. 강남역이나 사당역 역세권이나 대학가의 원룸형 고시원도 월세 40만 원이 넘는다. 일반 원룸이나 소형 오피스텔의 임대료와 맞먹는 가격이다. 왜 그들은 그 돈으로 개인의 프라이버시가 보장되는 원룸, 오피스텔에 살지 않고 고시원에 사는 걸까?

독신자의 속성 중 하나는 현대판 노마드의 기질이 다분하다는 것이다. 이들은 언제든 이동이 가능하고 몸만 들어가면 곧바로 큰 불편 없이 살 수 있는 주거공간을 선호한다. 이 영향으로 요즘 독신자를 대상으로 하는 원룸, 오피스텔 대부분은 주거에 필요한 세탁기, 냉장고, 인터넷, 주방기구 등 거의 모든 편의시설이 완벽하게 빌트인 되어 있다. 이제 독신자를 위한 임대주택도 고객만족서비스가 없으면 고사하는 시대다.

독신가구가 비약적으로 늘면서 생활하기 편하고 이동이 자유로운 임대주택을 선호하는 사람도 크게 증가했다. 주거에 필요한 옵션이 완벽히 준비되어 있는 원룸, 오피스텔, 고시원에 경제적으로 가난한 사람들이 거주한다고 생각하는 것은 실상을 잘 모르는 말이다.

원룸은 다가구를 개조한 임대 전용 집합건물이다. 원룸의 범위를 확장시키면, 고시원·다중주택·주거용 오피스텔 등 독신가구를 대상으로 하는 임대주택을 모두 포함하는 개념이라고 보면 된다. 이러한 주거시설을 보통 스튜디오 주택이라고 부른다.

스튜디오 주택은 미국 뉴욕 독신가구의 보편적인 주거형태로 우리나라 식으로 표현하면 원룸이다. 즉, 방 하나에 부엌과 화장실이 다 있는 주거공간을 말한다. 따라서 스튜디오 주택은 이런 형태를 갖고 있는 주택의 형태를 총칭한다고 할 수 있다. 스튜디오 주택으로는 다가구를 개조한 집단 건물 형태인 원룸이 있고, 주거시설이 한곳에 모여 있는 주거용 오피스텔 그리고 이를 변형한 형태인 고시텔, 셰어하우스 등이 포함된다고 보면 된다.

요즘 들어 많은 사람들이 하는 말 중 하나가 "돈도 없지만, 돈이 있어도 투자할 곳이 마땅치 않다."는 것이다. 그렇다. 지금의 금리 수준으로는 정말 투자할 곳이 마땅치가 않다. 내수경기 불황으로 소비지출이 감소하면서 상가 경기도 예전 같지가 않다. 정말 돈이 있어도 투자할 곳이 없는 게 사실이다.

그런데 최근 몇 년 동안 계속해서 이상한 흐름이 감지되고 있다. 부동산시장이 완전히 맛이 갔다는 데도 불구하고 소형 아파트, 원룸(다가구), 주거용 소형 오피스텔의 임대료는 좀처럼 떨어지지 않을 뿐만 아니라 오히려 오르고만 있다. 임대료만 오르는 게 아니다. 매매가격도 오르고 있다. 죽을 쑤고 있는 시장에서 오르고 있는 주택은 집단 건물 형태의 원룸, 소형 아파트, 주거형 오피스텔이다. 왜 그럴까? 이건 물으나마나 독신가구의 비약적 증가에 원인이 있다.

수요가 증가하면 가격은 당연히 오른다. 이것이 정답이다. 불경기가 이어져온 아파트 시장에서 유일하게 가격이 오른 것이 소형 아파트다. 수요가 넘쳐나기 때문에 그런 것이다. 우리나라의 독신가구 비율은 최근 몇 년 사이에 급증에 급증을 더해왔다. 그러나 선진국 수준에 이르려면 아직도 멀었다.

독신자들이 가난하다는 생각은 편견일 수 있다. 그렇지만 독신가구의 평균소득이 도시가구의 평균 소득보다 낮은 것은 사실이다. 독신가구의 많은 비중을 차지하는 20~30대는 사회적으로 돈을 축적할 여유도 없고 평균소득도 낮다. 그들을 현대판 노마드라고 부르는 이유는 일자리를 찾아 이 도시 저 도시를 떠돌기 때문이다. 그들에게는 정주형에 가까운 기존 주택은 맞지 않는 옷이고, 가격대는 쳐다보지 못할 정도로 높다. 이 같은 이유로 그들의 라이프사이클에 맞고 임대료가 상대적으로 저렴한 주택이 바로 독신가구를 위한 임대주택인 것이다.

그런데 상대적으로 저렴한 주택인 줄 알았던 독신가구를 위한 임대주택이 이제 그들의 소득을 감안할 때 결코 저렴하지 않게 되었다. 시내 중심가에서 다소 벗어난 곳에 있는 경우, 몸 하나 누울 수 있는 2~3평 남짓한 고시원 방 한 칸이, 그 안에 화장실이 있다는 이유로 월 임대료 40만 원이 넘는 실정이다. 강남 같은 곳은 더하다. 임대료로 월 60~70만 원을 내도 좁은 방에서 벗어나기 어렵다. 대학가 주변의 낡은 다가구를 개조한 다섯 평 남짓한 원룸도 보증금 천만 원에 월 임대료가 40~60만 원인 곳이 수두룩하다.

다가구를 개조한 원룸주택은 돈이 된다. 그러나 돈 없는 사람이 이들 주택에 투자하기는 어렵다. 원룸은 다가구의 집합건물을 통째로 매입해 운용해야 하기 때문에, 소액으로 투자할 수 있는 물건이 아니다. 고시원도 마찬가지다. 30실 이상의 규모를 가진 고시원은 아무리 변두리 외곽지역이라고 해도 시설비용까지 합치면 3~4억 원이 훌쩍 넘는다.

그렇다면 돈 없는 사람들은 소위 말하는 스튜디오 주택에 투자할 수 없는 것일까? 아니다. 나름대로 신용관리를 잘 해오고 5,000만 원 정도의 돈이 준비되어 있다면, 일부 모자라는 돈은 매입 물건을 담보로 해서 부족자금을 조달할 수 있다. 현재는 은행의 대출이자보다 월세 수익이 더 높기 때문에 매매대금을 대출해서 투자금을 마련한다면 투자를 못할 것도 없다.

이 같은 방식으로 투자할 수 있는 합당한 물건이 바로 변두리 외곽의 주거용 소형 오피스텔이다. 이 책에서 주거용 소형 오피스텔을 자주 언급하는 이유는 돈이 부족한 사람도 비교적 손쉽게 투자할 수 있는 방법이기 때문이다. 주거용 오피스텔은 변두리로 나갈수록, 가격대가 저렴할수록 수익률이 높아지는 특징이 있다. 돈 없는 사람의 노후준비에 이만한 투자상품이 없다고 말하는 것도 그런 이유다.

독신가구 전용 임대 부동산의 경제성이 높아진 이유는 두 말할 나위 없이 독신가구가 급속도로 늘고 있기 때문이다. 공실률이 거의 없다고 가정했을 때, 서울의 대학가나 외곽의 역세권에 실평수 5~6평 짜리 다가구주택 10가구를 원룸 형태로 임대했다고 가정해보자. 그 수익률이 정말 대단하다. 보통 이런 원룸의 보증금은 매우 적은 금액이기 때문에 큰 의미가 없고, 월세는 보통 50만 원이 넘는다.

서울에서 독신가구를 대상으로 하는 원룸이 가장 많이 밀집되어 있는 서울대 정문 쪽 녹두거리 주변 원룸의 임대조건은 보통 보증금 200~500만 원에 월세 40~50만 원 정도다. 거주공간의 실평수는 평균 5~6평 정도다. 10가구의 총 임대수익을 합치면 가구 당 50만 원으로 잡았을 때, 월 500만 원이고 연간 6,000만 원이다. 여기에 매월 받는 월세로 채권이나 다른 금융 상품에 투자한다고 가정하면 수익률이 더 확장된다.

사법고시 폐지와 행정고시 축소가 예정되면서 소위 고시촌으로 불리는 서림동, 대학동에 머물던 고시생들이 많이 떠났다. 그러나 이곳에는 지금도 독신자들을 대상으로 기업형 원룸을 운용하는 사람들이 많다. 왜 그럴까? 돈이 되기 때문이다. 공실률만 신경 쓰면 웬만한 대기업 직원의 월급에 해당하는 돈을 매달 받는데, 어느 바보가 이를 포기하겠는가? 집을 팔아서 은행에 예금한다면 그 돈이 나오겠는가? 1억 원을 예금하면 1년 후 만기이자가 세후 200만 원도 안 되는 시대다.

요즘들어 금전적으로 여유 있는 퇴직자들이 위험천만한 창업시장에 뛰어드는 대신 너나 할 것 없이 고시원이나 원룸 시장에 뛰어드는 이유가 바로 이것이다. 고시원이나 원룸이 돈이 된다는 것은 다 알고 있지만, 권리금이나 시설 보수 비용 등을 감안하면 최소 투자비용이 3억 원 이상이다. 그러나 이 징도 여유자금이 있는 사람은 그리 많지가 않다. 그래서 그 대안으로 독신자를 위한 스튜디오 주택 중에서 소액투자가 가능하고, 관리가 쉬우면서 매매차익도 노려볼 수 있으며, 레버리지 효과까지 얻을 수 있는 저가 소형 오피스텔을 추천하는 것이다.

이 책에서 신규 분양하는 오피스텔이나 도시형 생활주택을 그리 추천하지 않는 이유는 평당 매매가가 너무 높아서 투자금 대비 경제성이 기존 저가 소형 오피스텔에 비해 상당히 떨어지기 때문이다. 오피스텔 투자는

〈1-6〉 수도권 오피스텔 임대수익률 추이(단위, %)

지역	2014년 12월	2015년 1월	2015년 2월	2015년 3월	2015년 4월
인천	7.11	7.12	7.10	7.08	7.04
경기	6.16	6.16	6.12	6.12	6.08
서울	5.61	5.60	5.58	5.57	5.54

(출처_ KB국민은행)

공실률이 같다고 가정할 때, 매매가가 낮을수록 수익률이 높은 편이다. 서울의 핵심권역인 강남, 광화문 등의 럭셔리 오피스텔은 투자금 대비 수익률이 매우 낮다. 반면에 상대적으로 도심권에서 멀리 떨어져 있는 안산, 시흥, 수원 등에 있는 대규모 오피스텔 단지들의 평균 수익률은 매우 높다.

오피스텔 투자는 아파트 투자와 반대다. 아파트는 소위 말하는 핵심권역인 서초, 강남, 송파 3개 구와 한강 벨트 축의 이촌동, 한남동, 성수동 등이 가격대도 높고 매매차익도 높다. 그러나 오피스텔은 투자금이 낮은 저가의 소형일수록, 핵심권역으로부터 멀어질수록 임대 수익이 높다. 〈1-6〉은 최근의 지역별 오피스텔 수익률 추이를 나타낸 것이다. 서울보다는 경기, 경기보다는 인천의 임대수익률이 높다. 특히 3.3m^2당 분양가가 천만 원을 넘는 신축 오피스텔보다는 상대적으로 매매가가 낮은 기존 오피스텔의 수익률이 더 높다. 같은 경기 지역이라도 분당의 정자동·수내동·미금동, 평촌의 관양동과 같은 경기도 내 핵심지역보다는 경기 서남부의 시흥이나 안산에 위치한 대규모 오피스텔 단지들의 임대수익률이 훨씬 높다.

이는 어찌 보면 당연한 일이다. 매매가가 낮고 상대적으로 임대가가 높을수록 임대수익률이 높을 수밖에 없기 때문이다. 이는 오피스텔에만 해당하는 이야기가 아니다. 소형 아파트나 소형 상가 등 수익형 부동산에서 전반적으로 나타나는 흐름이다.

지역이나 매매가에 따라 오피스텔의 수익률에는 상당한 편차가 있다. 중요한 것은 그럼에도 불구하고 전반적으로 오피스텔 투자가 은행의 정기예금 금리보다 상당히 높다는 점이다.

〈1-6〉 도표의 내용은 해당지역의 평균적인 수치다. 따라서 저가의 소형 매물을 잘 잡아서 투자하면 그 이상의 수익도 가능하다. 시흥시 정왕동 소재의 메가폴리스 $47m^2$의 매매가는 2015년 5월 말 기준으로 5,000만 원 정도다. 이 오피스텔의 임대조건은 보증금 500만 원에 월세 40만 원이다. 그렇다면 보증금을 제외한 순수 투자금이 4,500만 원이고, 연간 총 임대수익은 480만 원이 된다. 따라서 임대회전률이 100%라고 가정하면 세금 공제 전 수익률이 약 10.7%다. 물론 투자자 개인의 능력에 따라 이 보다 더 높은 수익률을 내는 오피스텔을 찾을 수도 있다. 반대로 동일 지역의 같은 가격대 매물을 매입하여 임대해도 공실의 발생 기간이 길면 임대수익률이 이보다 못할 수 있다.

사람이 하는 일 중에 정확하게 딱딱 맞아떨어지는 게 얼마나 되겠는가? 다만 이 혹독한 저금리 흐름 속에서 한 푼이라도 더 가처분 소득을 늘리고 싶다면, 좀 더 발품을 팔고 정성껏 관리하는 노력을 기울여야 할 것이다. 노력하지 않고 시류에 편승했다가는 평균수익률에 못 미치는 결과를 얻을 수도 있음을 명심해야 한다.

2장

종자돈 5천만 원으로 시작하라

5천만 원으로 시작하는 노후준비 4단계

2015년 6월 현재 한국은행의 기준금리는 겨우 1.50%이다. 은행 정기예금의 표면금리가 1%대인 현실에서 연 10%의 수익률을 올린다는 건 거의 불가능한 미션으로 보인다. 어떻게 해야 확실하게 연 10%의 수익률을 올리고 쌈짓돈 5,000만 원으로 노후에 필요한 생활자금의 40%를 충당할 수 있을까?

결론적으로 말해서 이 미션은 가능하다. 투자금을 전략적으로 활용하는 방법으로 이 미션을 가능하게 만들어보자. 이를 위해 레버리지를 활용하면 더 좋을 것이다. 레버리지란 지렛대 효과를 말한다. 지렛대를 이용해 낮은 곳에서 높은 곳으로 물을 퍼 올려 한 번에 쏟아 부으면 파괴력이 커지는 것처럼, 낮은 금리로 자금을 조달해 높은 금리의 상품에 투자하면 수익률이 배가된다는 것이 레버리지 이론의 핵심이다.

은행의 예금금리가 낮다는 것은 은행의 대출금리도 낮다는 것을 의미한다. 우대금리로 대출을 받아서 10% 이상 이익이 나는 곳에 투자한다면, 빚을 내서 투자를 했더라도 위험이 증가하지 않고 투자 이익이 증가하는 행위가 된다. 문제는 이런 상품이 많지 않다는 데에 있다. 주식투자처럼 수익률이 롤러코스터를 타는 상품은 적당치가 않다. 이러한 기준을 가장 잘 충족하는 상품이 저가 소형 오피스텔이다.

저가 소형 오피스텔에 투자하여 매월 받는 임대료로 적립식 예금이나 소액 채권에 투자해서 원금을 불린 다음, 소유하고 있는 매물을 담보로 대출을 받아 오피스텔을 한 채 더 매입해 임대하면 투자금 대비 실질 수익률이 10%, 아니 그 이상도 가능하다. 이것이 바로 레버리지 효과의 묘미다. 저금리를 이용해 고수익 상품에 투자하는 것, 바로 이것이 가처분 소득을 극대화시키는 재테크 기술이다. 금리 0.1%를 더 받기 위해 어느 회사의 퇴직연금이 수익률이 높은지 저울질 하는 것이 재테크라고 생각하는 경우가 많은데, 그런 재테크는 '빛 좋은 개살구'다. 개인의 실질 가처분 소득을 늘려주는, 그리하여 나중에 웃을 수 있는 재테크가 진정한 재테크다. 그럼 지금부터 5,000만 원으로 저가의 주거용 오피스텔과 금융상품을 연계해 연 10% 수익률을 올림으로써 노후생활자금의 40%를 마련하는 미션을 시뮬레이션 해보도록 하자.

미션수행 1단계_ 매물 탐색

저가 매물이 대규모로 집단을 이루고 있는 단지들을 집중 공략해서 경제성 있는 매물을 확보한다. 이때 중요한 것은 인터넷만 들여다보지 말고, 타깃 지역을 헤집고 다니면서 믿을 만한 전략적 파트너(지역 부동산 중개사무소)를 찾는 일이다. 그런 다음, 실제 거주자들을 만나 이야기를 들어보면서 실상을 낱낱이 파악하고 매물 확보에 도전한다.

미션수행 2단계_ 매물 분석

수도권에서 투자금 대비 임대 수익이 높은 저가 오피스텔이 대규모로 밀집해 있는 시흥시 정왕동, 안산시 고잔동, 수원시 인계동 등에는 꾸준히 소액으로 투자할 수 있는 저가 매물이 나오고 있다. 현재 시흥시 정왕동의 대선월드피아($49m^2$), 로얄퍼스트빌($50m^2$), 회신오피스텔($40m^2$), 골드라이프($52m^2$), 안산시 고잔동의 아이즈빌($35m^2$), 아이즈빌2($50m^2$), 대우아이빌($43m^2$), 트윈브레스빌($40m^2$), 수원시 인계동의 신동아파스텔($44m^2$), 대우마이빌($53m^2$)의 매매가는 분양면적, 전용면적, 신축년도 등에 따라서 대략 5,000~7,500만 원 사이다.(매입시점, 물건에 따라 매매가는 유동적이다.) 시흥시 정왕동 오피스텔 단지의 경우는 6,000만 원 이하의 물건도 많이 나오고 있다. 여기에 있는 내용은 실제 지역 중개사무소에 나와 있는 매물과 조금씩 차이가 있을 수 있으므로 투자 전에 현장을 직접 방문해서 정확한 가격을 다시 한 번 확인하기 바란다.

위에 열거한 지역의 임대조건은 보통 보증금 500만 원에 월세 38~45만 원 선이다. 만약 매매가가 5,500만 원이면 보증금을 포함해 5,000만 원으로 투자할 수 있는 것이고, 이 경우 월세가 40만 원이면 연간 총 월세가 480만 원이 되는 것이므로 세금 등 다른 요인을 감안하지 않은 표면수익률이 9.6%가 된다.

미션 수행 3단계_ 레버리지

투자금이 모자라는 경우에는 어떻게 할 것인가? 레버리지, 즉 대출을 활용해서 투자를 하면 된다. 대출을 할 때는 한 가지 반드시 충족되어야 할 조건이 있다. 대출이자가 임대수익보다 낮아야 한다는 것이다. 기준금리가 1%대로 떨어지면서 부동산 담보대출 금리도 3%대로 떨어진 상태다. 만약 대출금리가 3%라면, 대출금이 3,000만 원일 때 총 발생이자가 연간 90만 원이다. 만약 매매가 6,000만 원짜리 오피스텔을 3,000만 원의 대출을 끼고 매입해서 보증금 500만 원에 월세 40만 원으로 임대하였다고 가정하면, 순수 투자금(대출금 3,000만 원+보증금 500만 원) 2,500만 원으로 연간 480만 원의 임대소득을 올리는 것이 된다. 여기서 3,000만 원에 대한 3%의 대출이자 90만 원을 공제하면 순이익은 390만 원이 된다. 빚을 내서 투자했지만, 순수 투자금 2,500만 원으로 390만 원의 임대소득을 올린 것이 되고, 이를 환산하면 15%의 연간수익률을 올리는 결과가 된다.(대출금리 변동에 따라 수익률은 유동적이다.)

만약 현금으로 5,000만 원을 갖고 있다고 가정할 때, 위와 같은 매물 두 채를 매입해서 임대할 수 있는데, 연간 임대수익 960만 원에서 대출이자 180만 원을 공제해도 순이익이 780만 원이 되어 수익률이 약 15.1%나 된다. 이는 임대소득에 대한 세금을 공제하지 않고 공실률도 제로라는 가정 하에 계산한 것이므로 최종 수익률에는 다소 차이가 있을 수 있다. 그렇더라도 오차범위가 그리 크지는 않을 것이다. 이 점을 고려해서 월세를 최소한으로 계산한 부분이 있기 때문이다. 월 100만 원 정도의 임대소득을 올리는 생계형 임대사업자의 세금은 거의 미미한 수준이다.

금융권의 대출은 대개 담보물건의 환금성, 시세, 주 채무자의 신용등급에 따라 60~80%까지 가능하다. 금융통합전산망의 개인 신용등급이 3등급 이내에 들면 '담보물건+개인의 신용공여 부분'이 더해지기 때문에, 소액 담보물건의 경우 매매가의 80%까지 대출을 받는 데에 무리가 없다.

담보물건 2채의 총 매매가는 12,000만 원인데, 가진 돈은 5,000만 원뿐이다. 따라서 부족자금은 임대보증금을 감안하면 실질적으로 6,000만 원이다. 이 경우 담보물건 2채를 동시에 근저당 설정하고 대출을 받아 잔금을 치르면 된다.

미션수행 4단계_ 임대소득의 확장

만약 당신이 저가 소형 임대주택에 투자했다면 매월 확정된 월세를 받게 된다. 매월 받는 월세로는 적립식 자유예금에 투자할 수도 있고, 내수시장에서 독점적 지위를 가진 증권시장의 블루칩들을 매월 꾸준히 사 모을 수도 있다. 아니면 소액 채권저축에 투자하는 방법도 생각해 볼 수 있다. 무엇을 선택하든 정도의 차이는 있을지언정 '임대소득+추가소득'이 발생한다.

나는 투자가 건축가의 집짓기와 비슷하다고 생각한다. 똑같은 면적에 비슷한 재료로 집을 지어도 누가 설계하고 지었느냐에 따라 집값이 달라지는 것처럼, 같은 돈으로 투자를 해도 그 돈을 누가 운용하느냐에 따라 이자나 임대소득의 크기가 달라진다. 그래서 투자를 창조적인 일이라고 하는 것이다.

지금까지 살펴본 내용은 기본적인 것들이다. 여기에 살을 붙이고 응용해서 더 많은 이익을 창출하는 일은 각자의 몫이다. 투자는 결국 개인이 책임지고 주체적으로 해야 하는 것이기 때문이다.

금리는 예전처럼 오르지 않는다

결론적으로 말해서 금리는 과거처럼 오르지 않을 것이다. 이렇게 생각하고 포트폴리오를 짜는 것이 마음 편하다. 세계적으로 저금리는 대세적 흐름이다. 전 세계에서 달러를 가장 많이 보유하고 있는 나라는 미국과 어깨를 나란히 하는 G2 국가인 중국이다. 중국은 세계의 제조공장으로 불릴 만큼 수많은 다국적 기업의 주요 상품들을 생산하고 있다. 미국에게는 군사·경제적으로 가장 위협이 되는 잠재적 위험국가이기도 하다. 그런 중국이 달러 최대 보유국이다. 미국에게는 충분히 위협이 될 만하다.

미국의 양적완화 조치는 이런 배경과 무관하지 않다. 환율전쟁이라는 말이 있듯이 미국의 양적완화 조치로 달러의 유동성이 크게 증가하면, 달러화의 가치가 평가절하되어 세계시장에서 미국기업의 가격경쟁력이 높아진다. 유로화도 조짐이 심상치 않다. 유로화가 탄생한 이후, 그 가치가 사상 최저로 떨어졌다. 유로존의 경기부양을 위해 패권 국가인 독일이 양적완화 정책을 밀어붙임으로써 발생한 결과다.

양적완화 정책이 세계적으로 대유행이다. 양적완화로 금융시장의 유동성이 급증하면 금리가 떨어지는 것은 당연하다. 세계 금융시장의 기준금리가 되는 런던 금융시장의 리보금리도 최저수준이다. 돈의 거래가 국경을 넘어 완전히 자유로운 시대인데, 우리나라만 그 흐름에 영향 받지 않는다는 건 말이 되지 않는다.

국내적인 요인도 무시할 수 없다. 현재 우리나라의 경제관료들은 개발독재시대에 관료로 입문한 사람들로 친 기업적인 정서가 강하다. 이들은 자원이 없는 우리나라가 살 수 있는 길은 수출뿐이라고 굳게 믿는 사람들이다. 그래서 기업들에게 절대적으로 유리한 고환율, 저금리, 낮은 법인세 정책 기조를 그 많은 질타를 받으면서도 포기하지 않는다. 저금리로 가장 많은 이득을 보는 경제 주체는 대출금이 많은 대기업이다. 최근 5년간 국내 대기업이 사상 유래 없는 영업이익을 기록한 것도 사실상 고환율과 법인세의 실질적 인하 덕분이다. 경기가 불황이라는데, 친 기업 정서를 가진 경제관료들이 금리를 인상하는 정책을 사용할리 만무하다.

보편적 복지국가로 가는 길은 이제 여야를 떠나 대세적 흐름이다. 복지에는 돈이 필요하다. 복지에 필요한 돈을 마련하기 위해서는 증세라는 카드를 꺼내야 하는데, 이는 정치적으로 큰 부담이 될 수밖에 없다. 부자나 가난한 사람이나 조세저항을 하기 때문이다. 그렇다 보니 자동차세·유류세·담배값 인상, 연말정산 비과세 혜택 축소 등 실질적 증세에 해당하는 간접세로 장난하는 것이 아니겠는가?

복지를 위해 증세를 하지 못하면 국채를 발행해서 재정을 조달해야 하는데, 이렇게 되면 재정적자가 커질 것이 뻔하다. 국채발행을 통한 재정적자를 조금이라도 줄이는 방법은 금리를 낮추는 것밖에 없다.

시장실세금리는 정부가 발행하는 국공채 금리를 기준으로 한다. 요즘 국공채 금리가 낮은 이유는 이러한 흐름과 무관치 않다. 법인세를 OECD 국가 평균까지만 올려도 해결될 문제를 왜 하지 않는지 모르겠다. 아무튼 지금의 저금리는 경기 사이클 상에서 벌어지는 일시적인 현상이 아니라 구조적이고 세계적인 흐름이다. 따라서 급격한 금융위기 상황이 온다면 모를까 현재로서는 금리가 예전처럼 다시 오를 가능성이 거의 없다. 이제는 금리인상에 대한 꿈에서 깨어나 저금리에 대응하는 투자전략을 짜는 일에 힘을 쏟아야 한다.

변화를 읽으면 투자의 방향이 보인다

　미국 발 서브프라임 모기지론 금융위기로 인해 국내 금융시장이 요동치던 때가 있었다. 주가는 1,000 포인트 이하까지 급락했고 기업이 발행하는 회사채 금리는 치솟았다. 순식간에 금융시장이 공포에 휩싸였고 언제나 그렇듯 시장은 집단동조화의 늪에 빠져 개인과 기관을 막론하고 보유 물량을 털어내기에 급급했다. 금융위기의 공포가 합리적 이성을 마비시키는 상황에서 이동평균선 운운하며 주식시장을 분석하려는 자는 필시 제정신이 아닌 사람이다. 아무리 뛰어난 투자분석가라 할지라도 금융위기 상황에서 그의 지식은 무용지물이다.

　그 이후 세계는 남유럽의 발칸반도, 이베리아, 이탈리아 반도에서 동시다발적으로 발생한 재정위기로 인해 다시 한 번 금융위기를 맞았다. 그리고 지금도 금융위기는 수면 아래에 있을 뿐 언제나 재발의 여지가 있다.

여기서 드는 의문 한 가지. 왜 이리도 금융위기는 수시로 찾아오고, 그 주기는 짧아지는 것일까? 복잡한 변수가 있을 것이다. 그러나 펀드자본주의 시대라고 할 정도로 탐욕적인 투기펀드에 의해 세계경제가 움직이면서 경기예측이 불가능해졌다는 점만은 확실하다.

세계에서 유통되는 통화량 100조 달러 중 정상적인 상거래를 통해 유통되는 돈은 2% 정도에 불과하고 나머지 98조 달러는 투기펀드에 의해 움직인다. 개의 꼬리가 몸통을 흔드는 꼴이다. 따라서 탐욕적인 투기펀드를 제도적으로 통제하고 규제하지 않는 한, 금융위기는 수시로 찾아올 수밖에 없다.

현재 세계 경제는 속도와 경쟁의 가치만이 우선시되는 소위 신자유주의 경제시스템 하에 있다. 이로 인해 벌어지는 부의 독점, 금융위기, 빈자의 양산은 잘못된 경제 시스템에 의해 발생하는 것이기 때문에 가난을 개인의 탓으로 돌리는 것은 시대정의에 어긋나는 일이라 할 것이다. 독점화, 양극화의 경제현상은 개인에게만 벌어지는 일이 아니다. 투자시장에서도 양극화 현상은 현재진행형이다. 주식시장에서 소수의 대기업이 주식시장의 시가총액을 전부 쓸어 담는 현상이나, 부동산시장에서 부는 디커플링(decoupling) 현상도 이를 반영하는 흐름이다.

개인의 투자는 사회·경제적 흐름에 종속될 수밖에 없다. 고로 앞으로는 한국은행 기준금리와 연동하여 금리가 움직이는 은행권 예금으로는 돈을 벌 수가 없다. 여기서 돈을 번다는 개념은 큰 돈을 버는 것을 의미하는 것이 아니다. 실질수익률 4~5% 정도 이상의 수익률을 내는 투자를 말한다. 앞부분에서 이미 언급했지만 앞으로 정부는 복지 재정을 확충하기 위해 국공채 발행을 늘릴 수밖에 없다. 아무리 목적이 좋아도 세금을 더 걷는 일은 국민의 저항을 불러올 것이 뻔하고, 이는 정치적으로 이득이 될 게 없기 때문이다.

국채 발행 물량이 늘면 확정이자를 지급해야 하는 채권의 특성상 정부는 재정적자를 최소화하기 위해서 발행금리를 낮추는 정책을 쓸 것이다. 미국, 일본이 이미 밟았던 과정이다. 결론적으로 지금도 그렇지만 앞으로도 금리는 오르기 어렵다. 정권이 바뀌더라도 내수경기의 진작, 재정적자의 축소라는 정부의 정책 기조는 쉽게 변할 리 없기 때문이다.

그렇다면 우리의 자산관리는 저금리를 상수로 해서 전략을 짤 수밖에 선택의 여지가 없다. 저금리 하에서 은행권 상품은 매력이 없다. 다른 대안을 찾아나서야 한다. 그래서 채권을 이야기하는 것이고, 독신가구를 대상으로 하는 임대주택에 대해서 구구절절 말하는 것이다. 현재 시점에서 안정성과 수익성이라는 두 마리 토끼를 안겨주는 투자 상품은 이들 밖에 없다. 그것이 우리가 안고 있는 문제이자 기회다.

투자를 하면서 모든 것이 확실하리라고 기대할 수는 없다. 그러나 현재로서는 독신가구를 대상으로 하는 스튜디오 주택의 예측가능성이 가장 확실하다. 사회적으로 독신가구가 급증하고, 전세가 폭등하여 대체 주거 공간을 찾으려는 수요가 크게 늘고 있다. 이 흐름이 앞으로도 계속되리라고 장담할 수는 없다. 그러나 분명한 것은 실질소득을 늘려서 노후에 효자노릇을 할 투자 상품을 찾는 사람, 당장 여유자금을 투자해 생활비를 마련해야 하는 퇴직자, 계속해서 가처분 소득이 증가해야 하는 40~50대들에게 스튜디오 주택만큼 확실한 투자 상품도 없다는 점이다.

지금부터는 사회와 경제의 변화를 투자의 관점에서 살펴볼 것이다. 여러 가지 복잡하고 다양한 변화가 있겠지만, 여기서는 투자와 연관 지을 수 있는 주제들을 크게 5가지로 정리해보았다.

첫째, 인구구조가 급격하게 변하고 있다. 부동산 버블이 붕괴되면서 부동산시장의 향방은 블랙홀이 되어버렸다. 그러나 시간이 지나면서 새로운 질서가 잡히는 것을 감지할 수 있게 되었다. 현재 부동산시장은 되는 것과 안 되는 것의 경계가 뚜렷해지고 있다. 이른바 디커플링 현상이 그것이다. 부동산시장에서의 디커플링 현상은 수요와 공급, 니즈의 변화 등 내부적 변동요인보다는 외부적인 요인에 크게 영향을 받고 있다. 바로 인구변동이다.

최근 들어 소형 임대주택이나 아파트가 인기 있는 이유는 이러한 주택이 편리하거나 쾌적해서가 아니라 독신가구가 급격히 늘어남에 따라 이들 주택을 찾는 수요가 급증했기 때문이다. 이들 주택은 대규모 공급이 이루어지고 있음에도 불구하고 견조한 가격세를 유지하고 있다. 그만큼 공급에 비해 수요가 급증한 까닭이다.

둘째, 저성장 경제가 지속되고 있다. 오피스텔, 원룸 시장에서는 "강남은 경제성이 없다."고 말한다. 투자금 대비 수익률이 영 신통치 않기 때문이다. 실제로 오피스텔의 수익률은 서울과 수도권의 변두리 지역인 은평구, 시흥, 안산의 단지들이 가장 높다. 대표적 스튜디오 주택인 오피스텔·원룸은 1인 독신가구의 급증, 전세가 급등이 원인이 되어 뜨고 있다. 그러나 이들 주택의 주 수요층은 독신자인 서민, 그중에서도 연간소득이 도시 가구의 평균소득에 못 미치는 사람들이 주축이다. 이들이 소득의 30% 이상을 월세로 내는 것은 무리다. 그런 이유로 월세가 60만 원이 넘으면 수요층이 급격하게 감소한다. 강남의 역삼동·삼성동·논현동은 상대적으로 고소득층이 많고 유흥업 종사자들이 국내에서 가장 많이 몰려 있는 지역이라서 100만 원 이상의 월세에도 수요층이 제법 된다. 하지만 핵심권역인 강남, 마포, 신촌 지역을 벗어나면 60만 원이 넘는 월세를 감당할 수 있는 수요층이 급격하게 적어진다.

오피스텔의 경우 매매가가 $3.3m^2$ 당 500~800만 원 정도여야 경제성이 있다. 그러나 강남, 마포, 여의도 지역의 신규공급 오피스텔 분양가는 $3.3m^2$ 당 1,000만 원을 훌쩍 넘는다. 평당 매매가가 천만 원을 넘는 곳에서는 세금을 공제한 실질 수익률이 5%를 넘기 어렵다. 그런 이유 때문에 오피스텔은 저가의 소형 매물이 경제성이 있다고 하는 것이다.

경제위기에도 불구하고 홈쇼핑, 교육, 게임 등 인터넷업체의 주가가 건재한 것은 개인의 가처분 소득이 줄면서 외출을 자제하고 무엇이든 방 안에서 해결하려는 경향이 크기 때문이다. 서민들이 선호하는 대표적인 음식인 짜장면의 가격파괴가 거의 모든 지역에서 일어나고 있는데, 이 역시 소득이 줄면 품질보다 가격에 민감하게 되는 것이 일반적 소비 패턴이기 때문에 발생하는 현상이다. 오피스텔, 원룸 시장이라고 크게 다르지 않다.

중대형 아파트가 다시 과거의 영광을 재연하기는 어려울 것이다. 이것은 단지 수요·공급의 문제가 아니다. 중대형 아파트는 '고정비 덩어리'라고 할 정도로 관리비용이 만만치 않기 때문에, 불황기의 가계에 적잖은 부담으로 작용한다. 그런 이유로 상대적으로 관리비용이 적은 소형주택의 인기가 계속되고 있다.

계층 간 소득 양극화의 영향으로 이제 한국에는 럭셔리 시장과 초저가 시장만이 존재하게 되었다. 소득에 가장 민감한 의류나 가방만 봐도 그렇다. 압구정동 갤러리아백화점의 명품관은 연일 고객으로 넘쳐난다. 반면 저가 시장도 성황을 이루고 있다. 재래시장 어디를 가도 파격적인 가격할인표가 붙지 않은 곳이 없다. 중저가 브랜드는 신제품을 출시하자마자 대규모 할인행사를 벌인다. 아웃도어 시장이 커지면서 한 벌에 수십만 원을 호가하는 의류도 잘 팔리지만, 1~3만 원 대의 저렴한 옷들도 날개돋친 듯 팔리고 있다. 오피스텔 시장도 마찬가지다. 럭셔리의 대명사 격인 강남 오피스텔도 있지만 월세 40~50만 원 대의 소형 오피스텔도 많다. 중간지대가 없는 양 극단만 존재하는 시장, 이것이 우리 시대의 자화상이고 현실이다.

셋째, 수도권 집중현상이 도를 넘어서고 있다. 부동산시장의 전체적인 가격붕괴가 현실화 되었다. 그런데 부산, 대전 등 지방에서는 미분양 물건이 빠르게 해소되고 신규분양도 청약률이 높다. 이를 보고 부동산 경기가 지방부터 서서히 달아오르는 것 아니냐는 시각이 있다. 이는 부동산 버블기에 수도권에 비해 지독히 저평가되어 있던 지방 부동산이 침체기를 틈타 간극을 줄이는 것이지 대세 상승과는 한참 거리가 있다.

노무현 정부의 국토 균형 개발 희망이 무참히 깨지면서 지방 부동산시장은 사실상 희망이 사라졌다. 천안만 벗어나도 내수 경기가 얼마나 침체되어 있는지를 금세 알 수 있다. KTX를 이용하면 한 시간 내에 서울역에 도착하는 대전광역시에만 가도 그 느낌이 확실히 다가온다. 대전은 도시 인구 중 대학생이 차지하는 비율이 높은 곳이다. 국립대인 충남대, 카이스트, 한밭대를 제외한 한남대, 대전대, 배재대, 우송대, 목원대 주변에는 어김없이 원룸촌이 형성되어 있다. 이곳의 임대가격은 20~30m²를 기준으로 보증금 200~500만 원에 월세 30~40만 원 수준이다. 대구권인 경산시의 영남대 주변에도 대규모 원룸촌이 형성되어 있는데, 임대조건은 대전과 크게 다르지 않다. 전주의 전북대, 광주의 전남대 주변은 대전권보다 더 못하다.

그나마 지방에서 수도권 이상 가는 황금 상권은 부산시 대연동 대학가 정도다. 이 지역은 오피스텔, 원룸 임대조건이 수도권 B급지 보다 낫다. 대연동은 경성대와 부경대가 지역 내에 있고, 부산의 1급 상업지인 서면과 근거리에 있어서 잠재 수요가 전국적으로 따져도 최고 수준이다. 해운대의 달맞이고개 아래에 자리잡고 있는 해운대 오피스텔 단지도 유흥업 종사자와 직장인 중심으로 풍부한 수요층을 형성하고 있다. 그러나 대연동과 달맞이고개를 빼고 나면 부산 역시 스튜디오 주택의 임대료가 전반적으로 낮은 편이다.

서울을 비롯한 수도권 부동산은 지역을 불문하고 전국구 부동산으로 불려 왔다. 수도권에서 가장 낙후된 지역으로 평가되는 경기 서남권의 안산·시흥, 동북권의 양주·동두천·의정부·남양주 지역의 아파트 시세도 주요 광역시 아파트의 평균 매매가 보다 높다. 아파트만 해당하는 것이 아니다. 1인 독신가구를 위한 스튜디오 주택 역시 지역을 불문하고 수도권이 지방에 비해 임대 수요가 풍부하다. 이것은 모두 수도권 집중현상 때문이다. 지방에서 대학을 졸업해도 지역 내에서 일자리를 찾지 못하고 수도권으로 올라오는 20대 인구가 계속 증가하고 있다. 수도권 집중현상이 해소되지 않는 한, 수도권과 지방의 격차는 좁혀질 수 없다.

넷째, 저금리를 넘어 제로금리 시대가 오고 있다. 금리를 결정하는 요인은 환율, 물가, 거시경제지표, 경제주체들의 위험 가중치 등 매우 다양하다. 금리를 결정하는 주요 항목들로 분석했을 때, 한국은행의 기준금리는 올라야 정상이다. 한국은행이 존재하는 가장 중요한 이유는 물가통제를 위해서다. 국민들 개개인이 느끼는 체감물가는 저금리가 이어지는 동안에도 가파르게 올랐다. 이럴 때는 금리를 인상해서 통화를 환수해야 한다. 그러나 한국은행은 기준금리를 계속 보수적으로 운영하고 있다. 한국은행이 이처럼 보수적인 금리정책을 이어가는 데에는 분명한 이유가 있을 것이다.

1990년대 중반, 한국의 금융시장이 자유화되면서 만성적인 자금 과부족에서 겨우 벗어나기 시작했다. 금융 자유화 이전에는 금융회사가 직접 외환시장에서 자금을 조달하는 일은 상상도 할 수 없었다. 시중 통화량도 정부가 엄격히 통제했다. 그 당시 정부는 금융회사의 예·적금, 대출금리까지 일일이 간섭했다. 지금은 상상하기 어려운 일이지만, 그 당시에는 어느 은행을 가도 정기예금 이자가 똑같았다.

앞서 말한 대로 당시는 만성적인 자금 과부족 시장이었다. 항상 자금이 부족했다. 이 같은 수요와 공급의 불일치 때문에 예금금리는 매우 높았다. 이 시기에는 재테크라는 말조차 없었다. 3년짜리 정기예금의 복리 수익률이 50%가 넘는 상황이었기 때문에 굳이 다른 수단이 필요하지 않았다. 재테크라는 말이 생겨난 건, 금융 자유화 이후 저금리 시대로 돌입하면서부터다.

2000년대 이후 최근까지 몇 차례의 금융위기로 단기간에 금리가 급등한 적은 있어도 저금리 흐름은 계속 이어져 왔다. 이제는 제로금리를 바라보기에 이르렀다. 안전자산을 선호하는 사람에게 제로금리 시대가 오는 것은 정말 끔찍한 일이다. 일본이 사실상 표면금리 제로 시대로 접어든지 꽤 됐다. 내수경기를 진작하고 정부의 재정적자를 경감하기 위해 국채발행 금리를 낮춘 것이 큰 영향을 미쳤다. 우리나라도 일본이 이미 거쳐간 과정을 지나고 있는 중이다.

다섯째, 금융위기가 상수인 시대다. 개인이 재정관리를 잘하기 위해서는 세계 금융시장을 움직이는 금융시스템에 대해 이해를 하고 있어야 한다. 미국 월가에서 기침만 해도 한국경제는 감기에 걸린다는 말은 그저 수사적 표현으로 그치는 말이 아니다. 실제로 미국 증시의 동향은 다음 날 국내 증시에 큰 영향력을 발휘한다.

2008년 9월 14일, 리먼브라더스의 파산으로 시작된 서브프라임 모기지론 사태가 불러온 금융위기는 국내 금융시장을 초토화시켰다고 표현해도 과하지 않을 정도로 주가의 폭락을 야기했고 이로 인해 회사채 금리가 치솟았다. 금융위기의 공포에 떨지 않고 위기를 투자의 기회로 이용한 사람들은 아마 살면서 흔치 않은 대박을 쳤을 것이다. 그러나 금융위기에 투자금을 늘릴 강심장의 투자자는 거의 없다. 대부분은 공포에 질려 투매하기 바빴을 것이다.

앞으로도 금융위기는 계속될 것이고 주기도 짧아졌기 때문에 대응하는 방식도 바뀌어야 한다. 금융위기의 패턴도 과거와 많이 달라졌다. 과거의 금융위기는 대개 한정적 지역으로 제한됐지만, 최근에는 금융위기가 어디서 발생하건 이에 영향을 받지 않은 나라가 없다. 왜 이런 현상이 발생하는지 생각해 보지 않을 수 없다.

펀드자본은 그 속성상 위험을 최대치로 높여야만 이익이 극대화 되는 구조다. 펀드는 일반 투자자와 연기금을 운영하는 기관 투자자의 자본에 의해서 만들어진다. 그러나 펀드를 운영하는 주체는 투자은행의 임직원이다. 이들에게 있어서 고 위험 파생상품은 높은 성과금을 받을 수 있는 합법적 수단이다. 그래서 이들은 주주나 투자자를 위한 투자보다는 자신들에게 이익이 되는 투자를 한다. 금융위기의 주범이었던 펀드회사의 임직원들은 선량한 납세자, 주주에게 큰 손실을 끼쳤음에도 불구하고 아무런 책임도 지지 않고 오히려 거액의 인센티브를 받고 유유히 사라졌다. 금융위기 이후 막대한 공적자금이 투입되면서 금융위기의 주범인 투자은행들이 다시 살아났지만, 이들의 행태는 조금도 변하지 않았다. 펀드자본을 규제하고 통제하지 않는 한 금융위기는 막을 수가 없다.

당신의 가처분 소득은 경제 흐름에 직접적인 영향을 받는다. 한국은행이 기준금리를 낮추었다는 사실, 그리고 그 기조를 계속 유지하겠다는 의도가 시장에 전파된 후의 변화를 보라. 당장 은행의 예금금리가 낮아졌고, 주식시장에서는 주가가 오를 만한 새로운 모멘텀이 없는 데도 고공행진이 이어졌다.

금융위기가 오면 경제의 기초 여건이 달라지지 않았음에도 불구하고 금리가 폭등하고 주식과 채권의 가격이 나락으로 떨어진다. 부동산은 내부적으로 큰 호재가 없었음에도 독신가구가 급증하면서 소형 아파트와 스튜디오 주택의 가치가 상승했다. 이 모든 것이 개인의 역량과 무관한 시장의 변화가 만들어 낸 결과다.

부동산은 끝나지 않았다

고민스럽다. 이 부분을 어떻게 말해야 할지. 최근까지 부동산 시장을 바라보는 관점은 이랬다. 서울과 수도권에서 추진된 재개발 사업으로 멸실주택이 증가하면서 전세난이 가중되었고, 독신가구의 급격한 증가로 스튜디오 주택의 경제성이 상승했으며, 수도권 중대형 아파트는 몰락했다는 것이다.

그러나 기준금리가 사상 최저로 떨어지면서 부동산 분양시장이 다시 꿈틀대고 있다. 건설경기를 살리기 위해 정부와 언론도 나섰다. 그러자 꿈쩍도 않던 아파트 분양시장에 사람들이 몰리고 있다. 아파트 분양시장이 다시 살아난 것일까? 이 흐름에서 주목해야 할 점은 현재의 아파트 분양시장이 84m² 이하의 소형 아파트에 집중되고 있다는 점이다.

아파트 임대시장이 전세에서 월세로 급격하게 전환되고 매매가와 전세가의 차이가 줄어들면서, 높은 월세를 내고 사느니 낮은 금리로 대출을 받아서 내 집을 장만하겠다는 사람들이 많다. 이러한 흐름을 "아파트 분양시장이 예전과 같은 활기를 되찾았다."라고 말하기는 어렵다. 용인이나 일산 등의 수도권 중대형 아파트 매매가는 여전히 바닥을 벗어나지 못하고 있기 때문이다.

전세난과 독신가구의 비약적 증가라는 측면에서 보면, 소형 아파트와 스튜디오 주택은 이전부터 부동산시장의 블루칩이었다. 반면, 중대형 아파트의 경제성은 나아지지 않고 있다. 이것이 큰 흐름이다. 부동산시장이 끝났다고 단언하는 것은 매우 위험하지만, 그렇다고 부동산시장이 다시 살아났다고 하는 것도 과장이다.

시장의 가격은 반드시 수요와 공급의 논리만으로 결정되지 않는다. 그보다는 사회·문화적인 트렌드, 인구변동 등의 요인에 의해서 더 많은 영향을 받는 측면이 있다. 버블이 꺼지면서 부동산은 이제 끝났다는 말들을 했다. 맞는 말이다. 부동산 버블 끝 무렵에 분양된 고양시 덕이지구, 식사지구의 중대형 아파트는 지금도 미분양 물건이 처리되지 않아서 분양가의 30%나 할인해서 땡처리를 하고 있다. 입주자 입장에서는 분통이 터질 노릇이다.

단기간에 전국에서 가장 많은 중대형 아파트가 공급된 용인시의 아파트 단지들도 여전히 부동산 버블의 후유증에서 벗어나지 못하고 있다. 반면, 서울과 수도권의 소형 아파트는 가격이 계속 오르고 있다.

예전 같으면 한물간 주택으로 치부되었을 낡고 허름한 한옥주택이 이제는 매물이 없어서 사려고 해도 살 수가 없는 주택이 되었다. 한옥주택이 몰려 있는 북촌은 이제 대표적인 관광명소가 되었다. 풍문여고 정문 옆길로부터 덕성여고를 지나 화동의 정독도서관 가는 길 양 옆의 좁다란 골목에는 카페, 의류매장, 음식점들이 다닥다닥 몰려 있다. 인근 삼청동에는 신사동 가로수길에 버금가는 고급매장들도 줄을 잇고 있다.

인구의 변동이 부동산시장의 지형을 바꾸고 있다. 부동산이 끝났다는 이야기는 중대형 아파트나 일반 상가에 해당하는 이야기일 뿐, 소형 아파트나 도심 재개발로 멸실주택이 늘면서 반사이익을 얻은 다가구·다세대 주택, 저가의 소형 임대주택은 상황이 다르다.

부동산은 꼭 투기 목적이 아니더라도 한 번 사고파는 것만으로 커다란 불로소득을 안겨주는 효자상품이었다. 우리나라 가계의 자산구조는 많게는 80~90%가 부동산이다. 말이 부동산이지 거의 주택이다. 평균 주택가격이 10억 원 이상인 강남 주민들도 현금자산은 수천만 원에 불과하다고 할 정도로 개인의 자산에서 부동산이 차지하는 비중이 기형적으로 높다. 이는 의도적으로 부동산에 목돈을 투자해서 얻은 결과물이 아니다. 분양 당시에는 평당 400~500만 원도 하지 않던 아파트가 5년이 지나고 10년이 지나면서 적게는 2배, 많게는 4~5배 오르면서 자연스럽게 자산에서 부동산이 차지하는 비중이 높아진 것이다.

강남부동산의 랜드마크라고 하는 타워팰리스도 1998년 분양 당시에는 평당 900만 원 정도였고, 그마저도 미분양이었다. 그러다가 5년이 지나고 10년이 되면서 평형에 따라 4~5배나 가격이 올랐다. 90년대 초에 입주를 시작한 1기 신도시도 마찬가지 과정을 거쳤다. 분양 받기만 하면 나홀로 단지나 정말 하자가 있는 물건이 아니고서는 2~3배 이상 오르지 않는 게 이상할 정도로 가격이 올랐다.

결과적으로 한국에서 개인의 가처분 소득은 누가 어느 시점에 어느 아파트를 샀느냐에 따라서 달라져왔다. 그러나 이제는 그 흐름이 깨졌다. 부동산 버블이 꺼지기 시작한 2007년 이후, 중대형 아파트에 투자한 사람들은 분양가 대비 아파트 가격이 떨어지고 금융비용은 증가하는 이중고를 겪었다. 과거의 패턴대로 기다리면 오를지 모른다는 기대를 갖는 사람도 많을 것이다. 그러나 부동산시장이 과거의 패턴으로 회귀하는 일은 불행히도 없을 것 같다. 이는 주거문화가 빠르게 변한 데 원인이 있다.

최근의 부동산시장 흐름을 이해한다면, 핵심권역 밖의 중대형 아파트는 빨리 팔수록 손해가 적을 것이라고 예측할 수 있다. 여기서 말하는 핵심권역은 강남 3구와 한강 벨트 축에 있는 이촌동, 한남동, 성수동 등을 말한다. 독신가구가 일반적 예상을 뛰어넘어 가파르게 증가하는 것이 1차 원인이다.

1기 신도시인 일산과 분당은 2000년대 중후반부터 주거형 오피스텔이 소형 아파트보다 더 많이 공급되어 왔다. 단기간 동안 공급이 과잉되면 가격이 떨어지는 것이 상식이다. 그러나 이 지역 오피스텔은 부동산 붕괴 운운하는 시점에 오히려 매매가와 임대가가 모두 오르고 임대회전률도 100%에 가까웠다. 놀라운 현상 아닌가?

수익형 부동산시장에서 이제 돈이 되는 상품은 한국형 스튜디오 주택으로 불리는 원룸, 오피스텔밖에 없다는 말은 결코 과장이 아니다. 반면, 그동안 수익형 부동산을 대표했던 상가는 불경기가 이어지고 임대료가 지나치게 높아지면서 투자자의 무덤이 되어 가고 있다.

버려야 할 통장, 쥐고 있어야 할 통장

개인이 돈을 버는 방법에는 어떤 것들이 있을까? 먼저 노동을 통해 버는 돈, 즉 근로소득과 사업소득이 있다. 그리고 자신이 번 근로소득과 사업소득을 활용해 금융이나 부동산에 투자해서 벌어들이는 이자소득과 임대소득이 있다.

자신의 소득을 활용해서 가처분 소득을 늘리는 효율적인 방법은 투자를 잘해서 이자와 임대소득을 높이는 일이다. 근로소득이나 사업소득은 대략적인 예측이 가능하지만, 투자로 얻는 소득은 개인의 역량에 따라서 그 차이가 어마어마하게 달라질 수 있다. 투자를 잘 하는 사람은 투자소득이 근로소득이나 사업소득보다 많다. 이 정도 수준에 이르면 자산의 확대 재생산 구조가 완성되어 시간이 흐를수록 부자에 가까워진다. 그러나 근로소득과 사업소득을 잘못 투자하는 바람에 가처분 소득을 늘리기는커녕 까먹는 경우도 비일비재하다.

현재의 금리 수준에서 은행이나 보험사의 저축상품에 투자하는 일은 힘들게 벌어들인 근로소득의 가치를 상실하게 할 수도 있다. 금융 상품으로는 가처분 소득을 늘리기 어려울 정도로 금리가 낮은 시대이기 때문이다. 힘들게 번 돈을 까먹지 않으려면 상품을 잘 선택해야 한다. 이번 기회에 당신이 가지고 있는 금융 상품의 경제적 가치를 잘 판단해서 버려야 할 통장과 버리지 않아도 되는 통장을 구분하여 정리해 보자. 지금 당장 당신이 갖고 있는 장롱 속 통장을 모두 꺼내 방바닥에 펼쳐보라. 대략 아래와 같은 통장들일 것이다.

①정기예금통장 ②적금통장 ③개인연금통장 ④CMA계좌 ⑤변액보험 ⑥펀드통장 ⑦종금사 실세 금리형 상품 ⑧CI 관련 보험 ⑨채권통장

아마도 거의 모든 통장이 이들 중 하나에 해당할 것이다. 회사마다 상품명을 조금씩 다르게 사용하기 때문에 통장 이름이 복잡해 보일 수 있지만, 기본 내용은 대동소이하다. 그럼 지금부터 이들 상품의 2015년 현재의 경제성을 알아보도록 하자.

정기예금통장

한 때 강남 소재 저축은행들의 정기예금은 강남 부자들의 사금고라고 불릴 정도로 인기가 좋았다. 그러나 소위 건설사에 대출해준 PF론이 부실

화되면서 저축은행들이 대거 파산했고, 이를 일본계 대부 회사나 은행의 계열 저축은행에서 인수하면서 전반적으로 저축은행의 금리가 낮아졌다. 저축은행은 대출금리도 높지만 상대적으로 수신금리도 높다. 그러나 지금 같은 저금리 시대에는 은행의 정기예금보다 상대적으로 높긴 하지만, 절대적인 금리가 높다고 말하기는 어렵다. 정기예금은 가입시점의 금리가 만기까지 보장되는 대표적 확정금리 상품이다. 목돈을 예치하면 매월 이자를 지급받을 수 있고, 만기에 한꺼번에 찾을 수도 있다. 이때, 매월이자를 지급받는 방식을 단리식이라고 하고, 후자를 복리식이라고 한다. 이들의 차이는 금리계산에 있다. 이 중 단리식은 표면금리가 적용되기 때문에 이자체증효과가 없다. 그러나 복리식은 매월 금리가 체증되기 때문에 만기에 받게 되는 실질금리는 표면금리보다 높다.

정기예금은 예금보험공사에서 원리금(원금+이자)을 5,000만 원까지 보장하기 때문에 금융회사가 파산하더라도 지급시기가 늦춰질 수는 있지만 원리금을 받지 못하는 일은 없다. 연이어 터진 저축은행 파산에도 불구하고 원리금은 5,000만 원까지 보장된다.

정기예금을 판매하는 곳은 은행이나 저축은행뿐만이 아니다. 소위 서민 금융기관이라 불리는 신협(신용협동조합), 새마을금고, 단위농협에서도 정기예금을 판매한다. 이들 금융회사의 정기예금이 은행이나 저축은행과 다른 점은 예금보호기관이 예금보호공사가 아닌 각각의 중앙회라는 점이다. 이들 금융회사의 예·적금 합계액은 3,000만 원까지 실질적 비과세(농어촌특별세 1.4%)가 되기 때문에 은행 정기예금과 표면금리가 같아도

16.5%의 금리인상 효과가 있다. 따라서 안정성에서 동일하다면 3,000만 원 이하의 정기예금은 신협, 새마을금고, 단위농협에서 가입하는 편이 유리하다.

그렇다면 지금 시점에서 정기예금은 과연 경제성이 있는 투자 상품일까? 경제성이 합당한 가치를 갖기 위해서는 '물가상승률+a'의 수익률이 보장되어야 한다. 그러나 현재 정기예금 금리는 제2금융권을 포함해 세후금리가 1%대다. 그럼에도 불구하고 이 정도 금리를 주는 금융 상품이 없다는 이유로 예금자들이 은행 문턱을 드나들고 있다. 믿을 만하고 확실한 대안이 있다면 이런 선택을 하지는 않을 것이다.

적금통장

적금통장은 그것이 확정금리형이든 신탁형이든 보험사 저축상품이든 세후 수익률이 정기예금보다 낮다. 특히 보험사 저축상품은 특약을 붙이기 때문에 가입 후 5년이 지나야 원금에 이르는 경우가 많다. 소액을 투자해서 목돈을 만드는 적금상품의 가치에도 맞지 않고 금리도 터무니없이 낮다. 보험사가 말하는 예정이율이라는 것은 사업비와 설계사 수당을 고려하지 않은 그야말로 그들만의 금리다.

당신이 보험사 저축상품에 가입하고 있다면 그것이 아무리 소액이라고 할지라도 빠른 시간 안에 해지하는 것이 손해를 줄이는 일이다. 적립식 펀드 바람이 불면서 적립식 펀드를 적금상품으로 잘못 알고 있는 사람도 많다. 그러나 적립식 펀드는 주식 편입 비중이 높은 주식 성장형 펀드다. 변동성이 적금과 비교할 수 없을 정도로 높다. 적립식 펀드는 수수료가 가장 높은 펀드 중 하나다. 적립식 펀드에 투자하느니 매월 일정한 금액으로 우량주를 매입하는 게 낫다고 생각하지 않는가?

적금상품의 목적은 금리보다는 매월 소액으로 목돈을 만드는 데 있다. 이러한 적금통장의 가치에 맞고 그나마 금리 경쟁력이 있는 것이 '자유적립예금'이다. 매월 일정금액을 저축한다는 점에서 적금과 같으나, 매월 불입하는 금액을 건건이 예금으로 예치하는 것으로 일반 적금상품과 표면금리가 같더라도 복리로 금리가 체증되어 만기 세후이자가 많다. 자유적립예금은 예금자 보호 상품이다. 따라서 저축은행이 여전히 경영 건전성이 불안하지만, 금리가 은행보다 1% 이상 높기 때문에 저축은행에서 가입하는 것도 고려해볼 만하다.

개인연금통장

연금은 대개 10년 이상의 장기 가입 상품이다. 연금에 가입하는 이유는 10년 이상 가입하고 나서 55세 이후 매월 일정금액을 수령해 노후생활자금으로 쓰기 위해서다. 문제는 이런 형식적인 요건이 중요한 것이 아니라는 점이다. 문제는 항상 금리다.

장기 가입 상품은 금리가 0.1%만 차이 나도 10년 후에는 복리로 따져서 받는 금액의 차이가 크다. 그런데 문제는 민간연금인 은행연금이나 연금보험의 금리경쟁력이 전혀 없다는 데에 있다. 민간연금이 노후를 준비하기 위한 '머스트 해브(must have)' 상품으로 인식되고 있는 이유는 금융회사의 전사적인 마케팅 효과의 결과일 뿐이다.

경제성을 판단할 때는 기회비용 측면에서 평가해야 한다. 지금 당신에게 1,000만 원이 있다고 가정해보자. 투자기간은 5년이다. 이 돈으로 정기예금, 연금보험(일시납), 채권(AA등급의 회사채)에 각각 투자했다고 가정해보자. 결과는 하늘과 땅 차이만큼 크다. 채권에 투자했다면 현재 금리(AA등급, 6% 내외)로 세후 30%가 넘는다. 정기예금은 이보다 떨어지고, 연금보험은 겨우 원금 수준이다. 연금보험의 가입기간이 10년인 점을 감안하면 금리 차이가 얼마나 더 벌어지겠는가? 결론적으로 민간연금은 노후에 당신을 더욱 가난하게 하는 상품이다.

만약 누군가 내게 "당신이라면 어떻게 하겠는가?"라고 물어온다면, 나는 "월 저축금액의 50%는 자유적립예금에, 나머지 50%는 음료·식품·화장품 등 독점적 지위를 지닌 내수 관련 우량종목에 저축하듯 꾸준히 투자하겠다."고 대답할 것 같다. 이자, 임대소득으로 벌어들인 저축가능액의 50% 이내에서 투자하는 것은 큰 위험이 아니다. 이렇게 적립 형태로 주식에 투자하면 분할 매수 효과가 발생해 평균 매입단가를 낮추는 효과도 있다. 적립식 펀드 투자와 다를 게 없다. 다른 점이라면 높은 수수료를 내지 않아도 되고, 손절매의 주도권을 내가 갖고 있어서 주식시장의 변동에 기민하게 대처할 수 있다는 점일 것이다.

무엇보다 현재 주식시장의 큰 특징은 종목 간 주가 양극화 현상이다. 내수 관련 독점기업은 대부분 기업이 개인과 거래하는 비투씨(B to C) 모델로, 독점적 기업이 가격 결정권을 갖고 있어서 수익 기반이 안정적이다. 지난 20년 간 이들 종목의 주가 추이를 분석해보면 일시적으로 주가가 빠져도 반드시 반등해 신 고가를 갱신한다는 것을 알 수 있을 것이다. 소액을 이런 방식으로 투자하다 보면 그 안에서 나름대로 기업 공부도 하게 될 것이고, 그러다보면 주체적인 투자자가 되는 것도 시간문제다.

CMA계좌

당신에게 CMA계좌 하나 없다면 재테크에 무관심하거나 돈이 많거나 둘 중 하나일 것이다. CMA는 증권사나 종금사에서 발행하는 수시입출금식 통장이다. 은행에도 수시입출금식 상품이 없는 것은 아니지만, 500만 원 이하의 잔고에 대해서는 지급금리가 1% 미만이다. 반면 종금사, 증권사의 CMA는 실세금리가 작용되기 때문에 금리 면에서 유리하다.

CMA에는 두 가지 유형이 있다. 종금사 CMA와 증권사 CMA가 그것이다. 이 중 종금사 CMA는 발행어음형 CMA라고 해서 예금자 보호가 되고, 증권사 CMA는 RP형 CMA라고 해서 예금자 보호가 되지 않는다. 종금사 CMA는 확정금리인 반면, 증권사 CMA는 변동금리라는 차이점도 있다. CMA는 금리를 떠나 수시입출금 기능을 가졌다는 점에서 필요성을 갖고 있다. CMA통장을 모 계좌로 이용하면 종금사, 증권사의 고수익 금융 상품 투자의 창구역할을 할 수 있다는 점에서 금리 이상의 경제성도 있다.

변액보험

변액보험은 세상에 태어나지 말았어야 할 상품이다. 펀드의 단점과 보험의 기능을 합쳐서 수요자 입장에서는 펀드도 아니고 보험도 아닌 보험사에게만 절대적으로 유리한 상품이다. 미래에 닥칠지 모르는 위험에 대비하여 CI보험(Critical Illness Insurance, 치명적 질병을 담보하는 보장성 보험)이나 배상책임보험, 운전자보험 등 순수 보장성 보험은 반드시 필요하다. 그런데 이들 상품만으로는 보험사의 성장에 한계가 있다. 그래서 보험사들은 자신들에게 이익이 되는 저축성 보험과 펀드를 결합하기 시작했다. 금융자본은 매우 영리하다. 그들은 신상품을 개발하고 마케팅 능력을 확장시키는 일보다 의회 로비를 통해 자신들에게 유리한 쪽으로 제도를 바꾸는 것이 더 큰 이익으로 돌아온다는 사실을 알고 있다. 미국에서 보험사와 고객의 이해 다툼으로 가장 많은 민사소송이 진행되고 있는 상품이 바로 변액보험이다.

변액보험에 가입한 경험이 있는 사람들은 치가 떨릴 정도로 손해를 본 경험이 있을 것이다. 가입과 동시에 설계사 수당을 비롯해 기타 사업비 명목으로 원금에서 제하는 돈이 어마어마하다. 그렇다보니 변액보험의 수익률이 좋을 리 없다.

보험사가 자산운용능력이 있을까? 변액보험을 판매하기는 하지만 가입자가 납입한 돈은 자산운용사에 위탁해서 관리한다. 보험이 필요하다면 순수보장성 보험에 저비용으로 가입하고, 따로 자신의 성향에 맞는 상품을 찾아서 투자하면 그만이다. 이제부터라도 주체적으로 투자할 수 있도록 내공을 쌓는 일에 신경을 쓰도록 하자.

펀드통장

펀드는 절대적으로 펀드회사에 유리한 상품이다. 금융회사 입장에서 펀드는 '신이 선물한 최상의 상품'이다. 그들은 시장 상황이 어떻게 변하든, 투자자의 원금이 손실이 나든 말든 펀드 판매액에 비례해 수수료를 챙길 수 있다. 돈이 되다 보니 요즘은 방카슈랑스까지 도입되어 은행에서도 펀드를 위탁 판매한다.

이런 반론이 있을 수 있다. 그래도 개인이 주식이나 채권에 투자하는 것보다 유능한 펀드매니저가 포진해 있는 펀드회사에서 투자하는 것이 낫지 않겠느냐고 말이다. 생각해보자. 낫다는 기준이 무엇인가? 그들은 말로만 유능할 뿐이다. 모름지기 세상의 모든 투자 상품은 수익률로 좋고 나쁨을 말해야 한다. 시중의 펀드들 중에서 시장 평균을 상회하는 수익률을 내는 펀드가 얼마나 있는지 살펴보라. 오죽하면 워렌 버핏조차도 펀드에 투자하지 말라고 권고하겠는가? 그가 말하기를 "만약 그래도 당신이 펀드에 투자하겠다면 펀드매니저의 간섭이 배제된 인덱스 펀드에 투자하라."고 했다. 펀드매니저들을 대놓고 무시하는 말이 아닐 수 없다. 생명줄 같은 돈을 시장의 변동성에 놀아나는 펀드에 투자하는 일은 다시 생각해볼 문제다.

종금사 실세금리형 상품

종금사의 전신은 투자금융사로 기업의 단기 여신과 기업금융과 연계된 단기 금융 상품을 전담해서 판매하던 회사다. 종금사의 단기 금융 상품인 발행어음, CMA, 표지어음은 여유자금 운용 시 금리가 가장 높은 상품이다. 종금사 고유계정 상품이라는 것이 구조적으로 종금사와 기업 간의 단기 금융거래에서 파생된 상품이기 때문이다. 기업어음은 발행시점의 시장금리, 발행기업의 신용 정도에 따라 실시간으로 판매금리가 결정되기 때문에 기업어음을 대표적 시장 실세금리형 상품으로 부르고 있다. 확정금리를 지급하는 금융 상품들 중에서 그나마 금리를 1%라도 더 받으려면 종금사 고유계정 상품에 투자하는 것이 낫다.

CI 관련 보험

CI보험은 가장 보험다운 보험상품이다. 최근 들어 보험회사가 자산규모를 확대 재생산하기 위해 보험의 원래 목적에서 벗어나는 변액보험, 저축성 보험, 연금보험을 전사적으로 마케팅하고 있는데, 그 상품들은 그들만을 위한 것일 뿐, 시장수요자에게는 전혀 경제성이 없다.

CI보험은 건강보험이 보장하지 못하는 질병까지 보장하기 때문에 미래의 위험에 대비해 가입해야 할 보험이다. CI보험과 함께 본인이 사고로 다치거나 사망했을 때 남아 있는 가족들의 생계를 위해 자동차종합보험, 운전자보험, 화재보험, 배상책임보험은 가입하는 것이 좋다. 이들 상품은 수익률과는 다른 중요한 가치가 있다.

우리가 보험에 가입하는 이유는 미래에 닥칠지 모르는 사고에 대비하여 일정액을 보험료로 지불하고 대비하기 위해서지, 저축이나 투자와는 거리가 멀다. 사고가 발생해서 노동력을 상실하거나 사망에 이르는 경우,

⟨2-1⟩ 금융권 상품 SWOT분석(확정금리 상품을 중심으로)

S 강점 - 안전성 - 환금성	W 약점 - 시장 실세금리보다 낮은 세후금리 - 과도한 예대마진 - 과다한 거래수수료
O 기회 - 저금리 흐름이 계속되는 한 은행권 확정금리 상품의 경제성은 재고의 여지가 없음 - 종금사 고유계정 상품과 채권에 직접 투자하는 것은 고려해볼 만함	T 위기 - 제로 금리시대로의 전환 - 연금 상품의 경제적 가치 하락 - 금리가 낮아지면서 금융 상품으로 노후를 준비한다는 말은 설득력이 없음

보험금으로 가족의 생계를 책임지기 위해 가입하는 것이다. 보험의 원래 목적을 잊지 말자.

채권통장

채권투자는 증권시장에서 직접 투자해야만 가능한 것이 아니다. 증권시장 내에서의 채권투자는 기관이 주도하기 때문에 소액으로 투자하기가 어렵다. 그러나 대형증권사를 통한 장외거래 방식으로 얼마든지 소액투자가 가능하다.

현재 시장 실세금리 지표가 되는 국고채 3년물의 금리가 2%대인데, 채권 중 안정성이 담보되는 기업이 발행하는 BBB- 등급 이상의 회사채는 5~9% 이상까지도 수익률을 기대할 수 있다. 시중의 확정금리 상품 중에서는 그나마 채권투자가 가장 수익률이 높다.

결론적으로 당신의 귀중한 생명줄 같은 돈을 은행이나 보험사의 금융 상품에 투자하는 것은 바보 같은 짓이다. 체감물가는 고공 행진을 계속하는데도 정부는 한국은행의 기준금리를 계속 낮추고 있다. 이러한 금리 흐름에서 여유자금을 금융 상품에 투자하는 행위는 가만히 앉아서 돈을 까먹는 일이다.

한국 금융시장이 실질금리 제로 시대가 될 날이 머지않았다. 아니 이미 진행중이다. 그럼에도 불구하고 민간연금, 은행예금으로 노후를 준비한다는 것은 말이 되지 않는다. 금융 상품, 특히 은행 고유계정 상품은 금리가 투자의 기준이라는 점을 명심하기 바란다.

짬짜면 같은 투자상품 '주식연계채권'

사람들은 중국집에 갈 때마다 고민을 한다. 짬뽕을 먹을까 짜장면을 먹을까 하고 말이다. 세상에서 가장 돈을 가장 잘 버는 장사꾼은 손님의 말을 가장 잘 듣는 사람이라고 했던가? 누가 맨 처음 시작했는지 몰라도 손님들의 이 같은 고민을 듣고 만들어낸 '짬짜면'이 이제 어느 중국집에나 공식 메뉴처럼 되어 있다.

투자시장에도 이와 비슷한 고민이 있다. '주식에 올인할까, 위험이 적은 채권에 투자할까?' 바로 이 같은 투자자의 고민을 일시에 해결하는 짬짜면 같은 메뉴가 주식연계채권이다.

주식연계채권은 이자와 주가 차익을 동시에 얻을 수 있는 상품이다. 주식연계채권은 처음에는 채권으로 발행되지만 미리 정해놓은 가격으로 주식을 받을 수 있는 권리인 콜옵션을 덤으로 얹어주는 회사채로, 채권과 주식의 장점을 모두 갖고 있는 상품이다. 주식연계채권의 대표 상품이 바로 CB(전환사채), BW(신주인수권부사채), EW(교환사채)다. 주식연계채권을 흔히 메자닌이라고 부르는데, 메자닌은 이탈리아어로 건물의 1층과 2층 사이에 있는 라운지를 의미한다.

스튜디오 주택의 장점과 단점

　최근 들어 한국경제의 역동성이 점차 사라지고 감속경제 운운할 정도로 성장률이 둔화되고 고용률이 떨어지고 있다. 이제는 투자 상품 선택에 있어 코페르니쿠스적인 사고의 전환이 필요하다. 그러기 위해서는 마음속에서 투자 상품의 경계를 지워야 한다. 투자 상품이 무엇이냐를 따질 것이 아니라 투자의 3요소인 안정성, 수익성, 환금성이 어떠냐를 살펴야 한다. 이 3요소를 충족한다면 은행권의 금융 상품이 아니라도 상관없다고 생각해야 한다. 나는 부동산 전문가도 아니고 부동산컨설팅으로 돈을 버는 사람도 아니다. 그런 내가 수익성 부동산을 위해 책의 많은 지면을 할애하는 이유는 현재 투자의 3요소를 충족시키는 상품이 채권(회사채)과 스튜디오 주택밖에 없다고 생각하기 때문이다.
　스튜디오 주택이 유망하다는 사실을 처음 알게 된 것은 젊고 유능한 부동산 전문가의 입을 통해서다. 그 후 평소 알고 지내던 부동산 전문가 그룹의 자문을 구하고 직접 이곳저곳 다니면서 흐름을 살펴 본 결과, 내가 생각하는 것 이상의 경쟁력이 있음을 알게 되었다. 문제는 다가구, 단독주택은 중산층이 투자하기에 투자금이 너무 크다는 점이었다. 그래서 투자 문턱이 낮은 수익성 물건을 찾다보니 수도권에 대규모 단지를 형성하고 있는 저가 소형 오피스텔이 눈에 들어왔다. 수도권 저가 소형 오피스텔의 수익률은 정기예금 금리와 비교해서 상대적으로 매우 높다. 투자하기가 어려운 것도 아니다.

현재의 흐름에서 안정성과 수익성이 상대적으로 높은 투자 상품은 단연 오피스텔, 원룸, 다중주택, 고시원이다. 그러나 사람들이 이들 상품에 투자하지 못하는 이유는 부동산이라고 하면 무엇이든 몇 억 원 이상의 거금이 필요하다고 생각하기 때문이다. 그러나 반드시 거금이 있어야만 수익형 부동산에 투자할 수 있는 것은 아니다. 지역이 어디냐에 따라 다르겠으나 수도권의 저가 소형 오피스텔 단지는 현금 5,000만 원으로도 투자할 수 있는 곳이 많다.

오피스텔은 외곽으로 나갈수록 매매가가 싸고 수익률도 높다. 스튜디오 주택의 강점은 환금성이 높고 임대수익률이 시중에 판매되는 모든 금융 상품과 비교해서 최하 3% 이상 높고 지속가능하다는 점이다. 월세만큼 임대수익률을 결정하는 핵심 요소인 임대회전률도 거의 90% 이상 유지되는 곳이 많기 때문에 수익이 안정적이다. 전세대란으로 인한 대체 주거공간에 대한 요구의 증가, 1인 가구의 비약적 증가, 수도권 집중현상 등

〈2-2〉 스튜디오 주택 SWOT 분석

S 강점 - 높은 임대수익률 - 뛰어난 환금성 - 소액으로 투자 가능	W 약점 - 부족한 편의시설 - 지속적인 임대인 발굴 요구 - 다중주택, 고시원 등은 최하 3억 원 이상의 고액투자자만 가능 - 쾌적한 주거공간으로서의 한계 - 수익성의 한계
O 기회 - 공급에 비해 잠재수요 확산 - 도심회귀현상의 가시화 - 중대형 아파트 몰락으로 반사 이익 - 전세대란으로 인한 대체 주거공간으로서의 위상 상승 - 1인 가구의 급격한 증가	T 위기 - 매매가 급등 추세 - 기숙사 급증으로 대학가 수요 감소 - 경제성 있는 지역의 감소

으로 인해 공급량에 비해 잠재수요가 가늠할 수 없을 정도로 높다.

사실 저가 소형 오피스텔은 안정성, 환금성에 있어서 은행의 정기예금과 다를 바 없다. 지금 추세대로라면 저가 소형 오피스텔의 가격이 오르면 올랐지 떨어질리 만무하고, 저가에 소형일수록 환금성도 월등하다.

부동산 업자와 일반인의 경계에 있는 사람에게는 새로운 내용도 아니다. 분당의 야탑동·정자동·미금동, 고양시 일산동구의 장항동·백석동, 고양시 덕양구의 화정지구는 거대한 원룸단지가 형성된 지 20년이 다 되어간다. 외관상으로는 고층의 아파트 단지가 먼저 눈에 들어오겠지만 그 시야를 벗어나면 대부분 원룸촌이다. 핵심권역인 강남지역 역시 테헤

란로, 청담대로 뒤쪽으로는 낡고 허름한 원룸단지들이 사이사이를 비집고 들어서 있다.

저가 소형 오피스텔은 현금 유동성이 적은 서민, 중산층도 마음만 먹으면 얼마든지 투자할 수 있고, 수익률이 은행 정기예금의 몇 배나 된다. 알찬 노후준비를 위해 이들 상품에도 관심을 가지기 바란다. 다시 강조하지만 이 책은 부동산 책이 아니다. 노후를 준비하는 사람들이 안정적인 수익을 올릴 수 있는 상품을 찾다보니 여기까지 생각을 하게 된 것뿐이다. 이 점을 오해하지 않았으면 좋겠다.

스튜디오 주택은 왜 돈이 되는가

 스튜디오 주택의 현황에 대해 좀 더 이야기해보자. 스튜디오 주택은 뉴욕 독신자들의 일반적인 주거형태를 말하는데, 방 하나에 침실, 욕실, 주방이 함께 있는 공간을 가리킨다. 우리나라 말로 하면 원룸이라고 할 수 있는데, 원룸·고시텔·주거형 오피스텔이 모두 여기에 해당한다. 이들 주택은 투자금액, 경제성이 서로 다르기 때문에 투자전략도 각각 다르다.
 1기 신도시의 주요 지역인 일산, 분당, 평촌, 중동신도시에는 도시에 따라 다르기는 하지만 2000년대 중반부터 오피스텔 공급 물량이 크게 늘었다. 일산의 경우, 장항동과 백석동을 중심으로 소형 오피스텔이 소형 아파트보다 더 많이 공급되었다. 아주 기초적인 경제논리로 따져서 단기간의 과잉 공급은 오피스텔의 매매가·임대가·임대회전률을 크게 떨어뜨린다.

초기에는 실제로 이런 현상이 있었다. 그러나 2000년대 중반을 넘어서면서부터 슬슬 탄력이 붙기 시작하더니 2007년부터는 오피스텔의 경제성을 나타내는 매매가·임대가·임대회전률이 모두 상승했다. 주목해야 할 점은 이 시기가 소위 부동산 버블이 본격적으로 꺼지기 시작하던 때였다는 점이다.

일산에서만 이런 현상이 있었던 것은 아니다. 분당의 야탑동·수내동·미금동·구미동, 수원시의 인계동·영통동, 평촌의 관양동 등 수도권 오피스텔 밀집지역에서 공통적으로 발생한 현상이다.

서울은 뉴타운 광풍으로 멸실주택이 늘어나고 인구의 서울집중 현상이 두드러지면서 서민주택인 다가구, 다세대, 연립주택, 오피스텔의 매매가와 임대가가 천정부지로 뛴 적이 자주 있었지만, 그 범위가 수도권 전체로 확장된 점은 좀 더 깊이 생각해볼 만한 문제다.

많은 사람들이 수도권을 '전국구 부동산'이라 부르며 지방과 구분한다. 지방 거주자들조차도 부동산 투자는 수도권에 집중한다. 아무리 균형발전을 외쳐도 사람들은 수도권으로만 몰린다. 예전에는 지방 국립대의 위상이 높아서 지역 내 인재들이 굳이 서울로 유학을 오지 않았다. 그러나 이제 지역 인재들도 대부분 서울로 유학을 온다. 수도권 집중현상은 막을 수가 없다. 일자리, 학교, 문화생활 등 모든 인프라가 수도권에 집중되어 있기 때문이다.

농경사회에서 결혼은 생산력의 확장과 합법적인 섹스를 제공하는 제도였다. 그래서 결혼은 피할 수 없는 것이었다. 그러나 시대가 변하면서 미혼남녀의 결혼이 늦어지고 독신자 비율도 높아졌다. 그들은 이전 세대와 다른 생각, 다른 가치관을 가지고 있다.

오피스텔 공급 과잉이 경제성을 해치리라는 생각은 매우 당연하다. 그러나 그 이전에 인구의 수도권 집중현상과 독신가구의 급격한 증가현상에 주목해야 한다. 이 같은 전반적인 사회변화가 독신가구를 대상으로 하는 임대주택의 경제논리를 무력화시킨 것이다. 공급물량이 급격히 증가해도 수익성이 떨어지지 않는 한국형 스튜디오 주택. 이전과 마찬가지로 경제성에 의문을 가질 필요는 없으나, 투자 시기가 다소 늦은 감이 없지 않다. 따라서 2~3년 전보다 투자에 더 신중해야 하고, 큰 금액의 투자를 요하는 경우에는 사업성을 더 까다롭게 따져야 한다.

원룸을 제외한 수익성 부동산시장은 대부분 상황이 좋지 않다. 한때 붐을 이뤘던 테마상가는 '공공의 적'이 된지 오래고, 평당 분양가 4,000~5,000만 원이 넘는 아파트 상가투자로는 연간 4%의 수익률을 기대하기도 힘들다. 그에 비해 원룸은 아직 가능성이 높고 연 10%의 수익률을 기록하는 경우도 많다. 모니터 앞에만 앉아 있지 말고 지역 내 부동산 중개업소를 돌며 현장감을 키우고 투자에 적극적으로 달려들면 답을 찾을 수 있을 것이다.

스무 살부터 주식에 매진해서 30대 초반의 나이에 100억대 자산가가 되었다는 사람이 방송에 나와서 자신은 절대 빚을 내서 투자하지 않았고, 빚을 내서 투자하면 100% 실패한다고 이야기하는 모습을 본 일이 있다. 리스크 관리가 어렵고 변동성이 큰 주식투자에서는 레버리지 비중을 키울수록 망하기도 쉽다. 경제성을 상실한 중대형 아파트도 마찬가지다. 그러나 환금성이 높은 소형 임대주택은 얘기가 다르다.

5,000만 원을 은행 정기예금에 투자했다고 가정해보자. 받을 이자를 아무리 높게 잡아도 세후 수익률이 원금의 2%도 되지 않는다. 그래도 2%로 잡고 매월 받을 이자를 계산해보면 5,000만 원×0.02=100만 원이고 100만 원을 12개월로 나누면 매월 받는 이자가 약 83,000원이다.

반면 고양시 화정동 소재의 동양트레벨 소형 오피스텔 53.23m^2에 3,000만 원을 대출받아 투자했다면 매달 얼마나 받을 수 있을까? 부동산 포털의 자료를 보면 매매가가 9,000만 원(포털에 나온 자료와 실거래 가격은 다를 수 있으므로, 그 오차범위를 ±500만원으로 상정한다.)인 이 오피스텔의 임대조건은 보증금 1,000만 원에 월 임대료 50만 원이다. 보증금 1,000만 원과 대출금 3,000만 원을 빼면 실질적으로 5,000만 원으로 투자하는 셈이다. 이 경우 대출금리를 5%로 가정하면 이자가 연간 150만 원이다. 그러나 연간 총 임대소득은 600만 원이다. 대출금 이자를 공제해도 연간 450만 원, 매월 약 37만 원의 임대수익을 올릴 수 있다는 결론이 나온다.

5,000만 원을 정기예금에 투자했을 때와 비교하면 매월 28만7천 원을 더 버는 셈이다. 은행 정기예금 수준의 투자 안정성이 보장되는 상품에 투자하면서 말이다. 이게 끝이 아니다. 앞에서 언급한 것처럼 대출을 끼고 한 채를 더 매입하는 방식으로 투자를 늘리면 수익은 더 많아진다.

오피스텔 투자는 발품을 팔면 팔수록, 관리에 들이는 시간이 길면 길수록 수익도 커진다. 창구 한 번 방문하는 것으로 사후관리가 끝나는 은행

거래와 비교하면 불편한 것이 사실이다. 그래도 이 정도의 경제성이 담보된다면 불편쯤은 아무것도 아니지 않은가?

수익형 임대 부동산은 월세도 월세지만, 결국 공실률에서 수익률이 크게 영향을 받는다. 그러니 그냥 사서 단지 내 부동산 중개업소에 맡겨놓으면 어련히 알아서 할 거라는 생각으로 뒷짐 지고 있지 말고, 직거래가 이루어지는 인터넷 카페에 부지런히 홍보글도 올리고 적극적으로 임차인을 유치해야 한다. 이건 돈 드는 일도 아니다. 키보드만 열심히 두드리면 되는 일이다. 직거래를 하면 중개 수수료가 나가지 않으니 임차인들도 부담이 적어진다. 모든 업종이 불황이라고 말하지만 그래도 그 안에서 성공하는 사람들은 역시 부지런하고 성실한 사람들이다.

스튜디오 주택이 셰어하우스로 진화한다

　인간은 본래 동물의 탐욕적 본성을 타고 났지만 이 탐욕이 긍정의 효과를 내는 경우도 많다. 인간의 탐욕은 상상력과 창조성을 자극해서 눈부신 과학의 진보를 일구어냈다. 자연과학 분야에만 해당하는 이야기도 아니다. 인간은 돈을 매개로 한 다양한 상품도 진화시켰다. 기업이 상거래를 통해 받은 매출채권, 금융회사의 담보채권을 유동화 한 자산유동화증권, 기업어음, 후순위채권 등 다양한 상품이 탄생했고, 다양한 금융기법들도 진화되어 왔다. 이러한 인간의 본성은 스튜디오 주택에까지 영향을 미쳐 다양한 수익모델을 만들어 내고 있다.

　스튜디오 주택은 한 공간에 모든 주거시설이 함께 있는 독신자용 원룸주택이다. 여기에 해당하는 주택은 다가구를 개조한 원룸주택, 다중주택, 주거용 소형 오피스텔, 고시텔 등이다. 그런데 최근 들어 한 공간을 다수의 사람이 공유하는 개념의 원룸주택이 투자자들의 관심을 끌고 있다. 이른바 셰어하우스다. 셰어하우스는 단일 공간에서 주거시설을 공유한다는 점에서 고시텔과 흡사하다. 그러나 고시텔의 경우 주거시설을 공유하는 대신 각자 개별적으로 독립된 공간에서 생활하는 반면, 셰어하우스는 공동체 개념으로 함께 생활하는 형태다.

낯선 사람들이 모여 생활을 공유한다. 쉽지 않은 일이다. 그래서 하나의 테마를 정하고 취미를 공유하는 사람을 모아 공동 생활하는 방식으로 임차인을 모으고 있다. 투자자 입장에서는 상대적으로 적은 공간에 많은 인원을 모을 수 있고 기존주택을 빌려 재임대하는 형식으로 사업을 추진하기 때문에 투자금이 많지 않아도 된다는 점이 매력적이다. 셰어하우스를 노리고 일정 면적이 충족되는 다가구, 다세대 주택을 매입하거나 전세로 얻어 재임대할 경우, 투자금 대비 수익률을 상당히 높일 수 있다.

셰어하우스가 독신가구의 새로운 주거시설이 되고 있다는 이야기가 언론을 통해 흘러나오고 있다. 최근 들어서는 급증하는 추세다. 셰어하우스는 소득이 적은 독신자가 적은 비용으로 주방, 거실, 화장실을 공유하면서 월세를 줄이고, 무엇보다 혼자 사는 고독감을 탈피할 수 있다는 장점이 있다. 사생활이 공개된다는 약점에도 불구하고 셰어하우스를 택하는 사람들이 점점 늘고 있다.

강남, 홍대 주변에서 프랜차이즈 형태로 운영 중인 규모가 큰 업체들은 독신가구의 월세 저항선인 60만 원 이상을 받는 곳들도 있다. 이 업체들은 셰어하우스를 '사회초년생하우스' '요리하우스' '스포츠하우스' '영화동

호인하우스' 등의 테마로 구성하여 임차인을 유치하고 있고, 시장의 관심도 크다. 대략 방세는 두 달 치를 보증금으로 내고 월 50~60만 원 수준이다. 관리비는 입주자들이 똑같이 낸다. 여기에 관리직원 인건비와 사무수수료로 30만 원 정도를 입주와 동시에 내야 한다. 셰어하우스 사업자들은 신축건물을 찾기보다 기존 다가구, 다세대, 단독주택, 아파트, 한옥 등을 전세로 빌려 인테리어를 갖추고 기본 가구를 배치한다. 집주인 입장에서는 직접 임차인을 관리할 필요가 없고, 낡은 집을 일정 부분 개보수하기 때문에 이를 선호하는 사람도 있다.

독신자들이 모여 사는 또 다른 형태로 신림동에서 주로 발견할 수 있는 '원룸촌'도 있다. 원룸촌에서는 샤워실과 화장실을 갖춘 개별 원룸에서 각자 생활하되 주방시설만 함께 사용한다. 형태는 고시텔과 비슷하지만 개인 공유면적이 넓고, 고시텔과 비교해 소음 문제가 거의 발생하지 않으며, 월세도 비교적 낮다는 장점이 있다.

본격적으로 임대업에 뛰어들 정도로 충분한 사업자금이 있다면 형태와 상관없이 수익률만 높으면 된다. 모아둔 금융자산이 수천만 원 정도이거나 그마저도 없는 경우라면 당장 이런 사업을 하기는 쉽지 않을 것이다. 그러나 이런 흐름이 있다는 정도는 알아두는 것이 좋다.

기준금리에 따라 돈이 춤을 춘다

저금리는 어느 날 갑자기 나타난 현상이 아니다. 적어도 2010년 이후부터 점진적으로 낮아져 왔다. 이미 시장에서는 제로 금리에 대비해서 자산을 운용해야 한다고 경고해왔지만, 사람들은 관성에 젖어서 '그런가 보다' 했을 뿐, 변화가 몰고 올 심각성을 깨닫지 못했다. 그러다가 기준금리가 실제로 1%대로 떨어지고 언론에서도 호들갑을 떨자, 비로소 심각성을 느끼기 시작했다. 시장의 변화에 민첩하게 대응했던 사람들은 이미 은행에 예금하는 대신 임대주택이나 채권에 돈을 묻었다. 그러나 아직 끝은 아니다. 지금부터라도 심기일전하여 적극적으로 돈 되는 투자 상품을 찾아 나서자.

기준금리가 떨어지면 금융 상품의 예금금리도 함께 떨어진다. 예금금리가 떨어지면 대출금리도 떨어진다. 금리가 떨어지면 은행권에서 이탈한 자금이 주식시장, 부동산으로 몰려들어 시장에 뚜렷한 호재가 없어도 주가가 오르고 부동산이 가격이 들썩인다. 2015년 상반기, 주식시장에 특별한 호재가 없었으나 코스피 지수가 2100 포인트를 넘어섰다. 한국은행의 기준금리 인하가 주가의 반등에 큰 영향을 끼쳤다는 점을 누구도 부인할 수 없을 것이다.

금리의 변동은 개인이 보유하고 있는 자산의 가치에 많은 영향을 미친다. 금리를 읽으면 투자가 보인다는 말은 허구가 아니라 실제다. 금리란 무엇인가? 어렵게 얘기하면 돈에 대한 기회비용이다. 우리가 일정기간 남의 돈을 빌릴 때, 그 대가로 지불하는 것이 이자고, 이자의 기준이 되는 것이 금리다.

그렇다면 우리가 일반적으로 "금리가 올랐다" "금리가 떨어졌다"라고 말하는 것은 무엇을 기준으로 하는 것일까? 통상적으로 국가가 발행하고 증권시장에서 유통되는 국고채 3년물을 시장 실세금리라고 한다. 한국은행의 기준금리와 시장 실세금리는 상호 보완적이다. 기준금리가 떨어지면 금융회사에서 단기 자금이 이동할 때 기준이 되는 콜금리가 떨어지고, 이는 은행권뿐만 아니라 수신 상품을 취급하는 모든 금융회사 상품의 금리를 낮춘다.

그렇다면 기준금리란 무엇이고 어떻게 결정되는 걸까? 기준금리는 한 나라의 금리를 대표하는 금리다. 중앙은행인 한국은행이 시중에 풀리는 돈의 양을 조절하기 위해 인위적으로 행사하는 금리로 정책금리라고 한다. 기준금리는 매월 한국은행 총재가 포함된 금융통화위원회에서 결정한다.

기준금리는 한국은행과 시중은행 간 자금 거래 시 적용되는 금리로, 정확하게는 한국은행이 시중은행에 발행하는 7일물 환매조건부 채권 금리를 기준으로 정한다. 환매조건부 채권은 금융기관이 자신들이 보유한 채권을 일정기간이 지난 후 이자를 붙여 다시 환매하는 조건으로 판매하는 단기 채권이다. 한국은행과 시중은행 간 거래되는 환매조건부 채권 금리는 금융기관 간 콜금리뿐만 아니라 은행권의 예·적금 금리에도 직접적으로 영향을 미친다. 따라서 기준금리가 내렸다는 것은 한국은행이 정책 효과를 위해 7일물 환매조건부 채권 금리를 인위적으로 내린 것이라고 보면 된다. 한국은행에서 시중에 단기자금이 풍부하다고 판단하면 시중은행에 환매조건부 채권을 팔아 자금을 흡수하고, 단기 유동성이 부족하다고 판단하면 환매조건부 채권을 매입하여 시중에 자금을 푼다.

그러나 이러한 시장 원리만 금리에 영향을 끼치는 것은 아니다. 집권 정부가 내수경기를 부양하거나 정책적 목표를 달성하기 위해 시장에 개입해서 한국은행의 기준금리 결정에 영향을 미치는 것이 공공연한 실상이다. 현재 한국은행이 기준금리 인하를 고수하는 것도 시중의 유동성보다는 정부의 정책적 판단에 의한 것이라는 시각이 많다.

아무튼 우리의 투자 자산에 매우 큰 영향을 미치는 기준금리가 낮아도 너무 낮게 운용되고 있다. 이 부분이 우리를 힘들게 한다. 생활은 쪼그라들고 그나마 있는 돈으로 저축이든 예금이든 들어서 가처분 소득을 한 푼이라도 늘려야겠는데, 기준금리가 이 모양이니 사람들의 고민이 많다. 특히 돈을 은행이나 보험사의 저축형 상품에 몽땅 집어넣는 사람들은 더 걱정이 크다. 물론 모두가 같은 처지에 있는 것은 아니다. 나름대로 자산을 잘 분산해서 일부를 우량주로 보유하고 소형 부동산에 투자한 사람들은 주가도 오르고 부동산도 올라서 이득을 본 경우가 많다. 저금리가 이어진다고 할 때, 돈을 어디에 어떻게 투자해야 할지 신중히 고려해보아야 할 것이다.

시장에서 주요 투자 상품의 가치는 금리에 의해 결정된다고 말한다. 요즘 들어 경제의 기초 여건이 오히려 악화되고 있는데도 주가가 뛰고 부동산이 들썩이는 이유는 낮아진 금리로 인해 은행권에서 이탈한 자금이 부동산과 주식시장으로 이동했기 때문이다. 그러나 이런 식의 상승은 한계가 있을 수밖에 없다. 경제 기초 여건을 감안하지 않고 추격 매수에 나섰다가는 큰 손실을 입을 수 있으니 주의해야 한다. 금리변동이 돈을 춤추게 하는 것은 맞는 말이지만, 일시적인 현상일 수 있으니 경계심을 늦추지 말아야 한다.

가장 훌륭한 노후준비는 자기계발이다

퇴직 후 매월 받던 고정수입이 사라진다고 생각해보라. 불안하고 답답할 것이다. 막상 그 시점이 닥치면 어떻게든 살아가겠지만, 이건 사는 게 아니라 살아지니까 사는 것일 뿐이다. 이런 순간을 피하기 위해 노후를 계획하고 준비하고 실천해보자는 것이 아니겠는가? 청년들을 대상으로 강의를 할 때면 그들의 선배들이 예전에 내게 했던 질문을 똑같이 반복한다.

"선생님, 어떻게 해야 돈을 많이 벌 수 있나요?"

"어떻게 해야 부자가 될 수가 있죠?"

이런 질문을 받을 때마다 나는 냉정하게 이야기한다.

"당장 그렇게 될 가능성은 거의 없어요. 혹시 모르죠. 로또에 당첨되거나 레버리지 효과가 아주 큰 선물 옵션에 투자해서 대박을 친다면. 하지만 그런 일이 가능하지 않다는 것쯤은 알고 있겠죠? 인생에서 거저 얻어지는 건 없어요. 돈을 벌 수 있는 지름길은 자신의 가치를 키우는 겁니다. 그래서 청년들에게 자기계발 이상의 재테크는 없다고 말하는 거겠죠."

독자들 중에는 이미 퇴직을 하고 창업을 준비하는 사람도 있을 것이고, 직장에 근무하면서 퇴직 후를 위해 자금관리에 힘을 쏟는 사람도 있을 것이다. 경우야 사람마다 다르겠지만 노후에도 자신의 일을 하며 안정적으로 고정 수익을 얻는 것이 가장 좋은 노후준비가 아닐까 싶다.

노후준비는 두 가지 트랙으로 진행되어야 한다. 퇴직 후에도 계속 일하며 고정수익을 창출할 수 있도록 자기계발을 꾸준히 해야 할 것이고, 소유자산은 관리를 잘해서 가처분 소득을 늘려야 할 것이다. 이렇게 두 개의 바퀴가 맞물려 돌아가야 노후준비가 수월해진다.

내 선배들 중에는 퇴직하고 60이 넘은 나이에도 예전 직장경험을 살려 왕성하게 사회활동을 하는 분들이 많다. 자연수명이 연장되어서인가? 자기관리를 잘한 사람은 60이 넘어서도 청춘이다. 손석희 앵커의 나이가 60이라고 한다. 요즘 그가 진행하는 방송을 보고 있노라면 20년 전보다 더 성숙하고 노련해졌다는 느낌이 든다. 외모도 별반 변하지 않은 것 같다. 내 주위에도 그런 선배들이 많다. 건강관리를 잘하고 자기계발을 꾸준히 해서 퇴직 후에도 일할 수 있는 능력을 갖추는 것이 가장 훌륭한 노후준비다.

퇴직 후에도 건강관리를 잘하고 일하면서 퇴직 전 월급의 절반이라도 받게 된다면 노후에 대한 부담을 크게 줄일 수 있다. 일을 통해 고정수입이 발생하고 여기에 연금, 자산운용을 통한 가처분 소득이 더해지면 위험 부담이 높아진 창업시장에 얼굴을 내밀지 않아도 안정적인 경제생활을 영위할 수 있다.

내가 아는 선배 중에는 대학에서 농학을 전공하고 외국계 제약회사에서 이사직을 끝으로 퇴직한 사람이 있다. 그 선배는 50대 중반에 퇴직하자마자 미장일을 배워서 지금도 공사현장에서 현역으로 일하고 있다. 미장일은 나름의 전문성이 요구되기 때문에, 선배는 2년간 학원도 다니고 현장보조로 일하며 숙련공이 됐다. 사회경력도 있고 현역시절에 투자한 상가에서 나오는 임대수익도 있는 사람이 생전 해보지 않은 일, 그것도 몸을 쓰는 일을 한다는 건 쉽지 않은 선택이다. 남의 눈도 의식하지 않을 수 없다. 그러나 그 선배는 개의치 않고 스스로 자신의 노후를 개척했다. 그가 언제까지 그 일을 할 수 있을지는 모르겠으나 그 정도 용기를 낸 것만으로도 배울 점이 많다고 생각한다. 은퇴하고 나면 현역시절과 비슷한 일과 지위를 찾기 어렵다. 그러나 세상 일 다 마음먹기에 달렸다.

여기에 한 50대 부부가 있다. 남편은 배를 만들고 부인은 의사로 일한다. 인생에 성공한 부부의 모습이다. 이 부부는 그 위치를 차지하기 위해 10년을 계획하고 준비했다. 맞벌이 생활을 했던 이 부부의 평화는 아내가 직장을 그만두고 평생의 꿈이었던 의대에 진학하겠다고 선언하면서 위기를 맞았다. 나이 40이 넘어서 의대에 진학하겠다는 아내를 말리는 대신, 남편은 아내가 의학전문대학원을 진학하고 인턴, 레지던트 과정을 거치는 10여 년 동안 묵묵히 뒷바라지했다. 경제적으로 힘들었을 것이다. 결국 부인은 50이 넘은 나이에 전문의 자격을 취득했다. 그 후, 남편은 자신도 일을 그만두고 평생 꿈이었던 배 만드는 일을 할 테니 지원해 달라고 말한다. 부인 역시 남편의 꿈을 지지하고 뒷바라지를 하고 있다. 이들 부부는 40이 넘은 나이에 서로의 꿈을 지지하고 경제적으로 지원했다. 40~50대의 나이. 많다면 많은 나이이다. 그러나 미뤄 두었던 꿈을 계획하고 실천하기에는 충분한 시간이다.

나보다 열 살이나 많은 내 선배는 토목공학을 전공했음에도 새로운 학문에 도전했다. 그리고 50이 한참 넘은 나이에 빅데이터 분야에서 국내 최고의 전문가가 되었다. 이런 사례들을 접하다 보니 나이는 숫자에 불과하다는 생각이 절로 든다.

학창시절, 내 꿈은 작가가 되는 것이었다. 그러나 사회생활에 몰두하면서 꿈은 사라지고 욕망에 찌들어 갔다. 나이가 들어 일이 줄어든 요즘, 나는 본격적으로 글쓰기에 전념하고 있다. 나의 이런 노력이 5년 후, 10년 후에 어떤 결과를 가져올지 아무도 모른다. 내가 쓴 글들이 상업적으로 성공하지 못하더라도 이 세상을 함께 살아가는 지치고 힘든 사람들에게 위로가 된다면, 그것만으로도 내 인생이 의미 있겠다는 생각을 해본다.

확실히 예전에 비해 요즘 중장년층은 건강관리를 잘하는 것 같다. 자연 수명도 점점 길어지고 있다. 자기계발을 하기에 충분한 시간과 체력을 갖추었다면 게을리 머물고 있지 말자. 그 누구도 아닌 자신의 소중한 인생을 위해서 말이다.

3장

원룸투자의 기회를 잡아라

도심권 외곽으로 나갈수록 수익률이 높다

투자 상품에는 절대적 가치가 있을 수 없다. 투자는 흐름이고 방향이다. 지금의 저금리는 구조적인 문제가 결합되어 있기 때문에 쉽게 바뀔 리 없다. 경제라는 것은 복잡한 변수에 의해 영향을 받기 때문에 언제 어떻게 변할지 알 수 없다. 금융위기 사태가 또 다시 발생하면, 단기적으로 고금리의 흐름이 연출될 수도 있다. 그러나 상식선에서 흐름을 추론하면 그럴 확률은 낮다.

투자 상품의 경제성은 사회의 전반적인 흐름으로부터 많은 영향을 받는다. 따라서 금리의 흐름만 보고 투자를 결정해서는 안 된다. 소형 아파트, 다가구주택, 주거용 소형 오피스텔의 경제성이 확장된 것은 낮아진 금리의 영향 때문이기도 하지만, 그보다는 독신가구의 비약적 증가에서 원인을 찾아야 한다.

오피스텔 투자는 아파트와 성격이 근본적으로 다르다. 아파트는 내가 사는 집이지, 임대수익을 올리기에는 적절치 않다. 그러나 오피스텔은 금융 상품처럼 수익을 목적으로 투자하기에 적절하다. 따라서 내가 살기 편한 것보다 실제 살 사람의 입장에서 물건의 가치를 살펴야 한다. 아파트는 남의 평가나 이목이 중요한 요소로 작용하기 때문에 지역과 크기가 중요했다. 지역이 좋고 평수도 크면 집값도 올라갔다. 그러나 오피스텔 투자는 누구에게 보이기 위한 투자가 아니다. 임대회전률이 좋고 투자금 대비 수익률이 높으면 그곳이 최상이다.

서울 강남구 논현동·역삼동·삼성동, 서초구 서초동, 마포구 대흥동·공덕동·마포동·노고산동, 분당의 정자동·수내동에는 외부에서 보기에도 위용이 대단한 럭셔리한 오피스텔이 많다. 그러나 문제는 비싸다는 것이다. 이 지역들의 분양평수 21평, 전용률 60% 정도의 소형 오피스텔은 2억 원 이상을 호가 하는 것들이 대부분이다. 투자금액이 2억 원이면 월세로 100만 원을 받더라도 수익률이 고작 5%다. 월 임대료가 100만 원이 넘어가면 세입자를 찾기도 어렵다. 과연 독신 직장인 중에 월세 100만 원에 겨울철 관리비 30만 원이 넘는 곳에 살 수 있는 경제력을 가진 사람이 얼마나 되겠는가? 이 때문에 이들 지역의 오피스텔은 주거용보다 사무용의 비율이 높다.

이 책은 5천만 원 정도의 자금으로 노후를 준비하는 사람들을 대상으로 한다. 이들의 재정적 여력으로 서울 핵심권역에 위치한 오피스텔 투자는 무리다. 오피스텔은 아파트와 반대되는 점이 있다. 아파트는 핵심권역

일수록 경제성이 높지만 오피스텔은 수도권 외곽으로 나갈수록 경제성이 커진다는 점이다. 오피스텔 투자의 경제성을 평가하는 기준은 당연히 임대수익률이다. 오피스텔은 가격대가 낮을수록, 외곽으로 나갈수록 임대수익률이 높아지는 특성을 가진 상품이라는 점을 다시 한 번 기억하기 바란다.

임대수익을 굴리면 돈이 눈처럼 커진다

얼음을 탁자 위에 올려놓고 장시간 방치하면 녹아서 물이 된다. 그 물을 그대로 한참 더 방치하면 증발해서 흔적도 없이 사라져버린다. 돈도 마찬가지다. 집안 장롱 속에 방치하면 물가 상승으로 인해 실질 가치가 점점 줄어든다. 돈도 기름칠을 하고 돌려야 가치가 상승한다.

오피스텔에 투자해서 월세를 받았다면, 그냥 두지 말고 가치를 상승시키는 쪽으로 다시 투자를 해야 한다. 이런 여윳돈으로 기대수익률이 높은 주식을 매월 적금 드는 것처럼 장기간 매입하는 것도 고려해볼 만하다. 다소 위험하긴 하지만 임대소득으로 하는 것이니 부담이 적다. 이렇게 매월 조금씩 매입하면 전체적인 주식의 매입단가가 낮아져서 적립식 투자의 효과도 생긴다. 현재 자산 운용사에서 많은 수수료를 받고 판매하는 상품이 적립식 펀드다. 이치는 같다. 그렇다면 높은 수수료를 내면서까지

적립식 펀드에 투자할 이유는 없다. 주식이 아니라면 종금사의 RP형 예금이나 소액 채권저축에 투자하는 것도 괜찮다. 어느 방법이든 매월 받는 월세의 가치를 키우는 것이라면 그대로 통장에 두는 것보다는 훨씬 낫다. 어떤 방법을 선택하든, 가처분 소득을 늘리고 싶다면 돈을 한시도 가만두지 말고 굴려야 한다.

최근 고수익 금융 상품으로 떠오르고 있는 회사채, 후순위채권도 고려해볼 만하다. 회사채와 후순위채권의 금리는 정기예금의 2배 정도다.

예나 지금이나 꽤 잘 팔리는 펀드 중 하나가 주가연계예금(ELD, Equity Linked Deposit)이라는 펀드인데, 이 상품은 펀딩된 자금을 예금에 투자한 다음, 발생하는 이자로 주식에 투자하는 펀드다. 이렇게 함으로써 위험은 줄이고 안정적 수익을 확보하는 것이 이 펀드의 특징이다. 어찌됐든 문제는 이 상품이 펀드라는 점이다. 펀드는 투자 원금의 최저 1% 이상의 수수료를 내야 하고, 원금의 손실이 발생하면 개인이 다 떠안아야 하는 매우 불공정한 상품이다. 이런 상품에 투자할 이유가 없다. 최근에는 파생상품과의 연계비중이 높아져 위험도 커졌다.

수수료를 내면서까지 주가연계예금에 투자할 필요는 없다. 직접하면 된다. 직접하면 방법도 더 다양하다. 오피스텔에 투자한 후 매월 발생하는 수익으로 적금상품 중 가장 이율이 높은 자유적립예금에 투자하거나 주가연계예금처럼 매월 일정금액으로 주식을 사면 된다. 종목 선택이 어렵다는 사람들이 있는데, 조금만 생각해보면 어려울 것도 없다. 최근 주식시장의 흐름은 명확하다. 독점기업이 주가도 독점한다. 신문 종목란을 보면서 내수기업 중 독점적 지위를 가진 기업을 찾아서 투자하고 장기간 보유하면 된다. 잘만 하면 배보다 배꼽이 커지는 효과를 볼 수도 있다. 최악의 경우라 해도 임대소득만으로 하는 것이기 때문에 위험이 크지 않고, 블루칩 종목의 특성상 일시적으로 주가가 추락해도 가격 복원력이 강하기 때문에 돈을 까먹을 일은 거의 없다. 이조차도 관심이 없다면 확정이율을 주는 자유적립식예금에 가입하면 된다.

재테크도 창조성이 필요하다. 남이 하는 대로 따라했다가는 같이 죽는 수가 있다. 투자시장에 떠도는 말 중에 이런 말이 있다.

"남들이 욕심낼 때 두려워하고 남들이 두려워할 때 욕심을 내라."

급등락했던 부동산시장에 이 말을 대입해 보면 고개가 끄덕여질 것이다. 부동산 붕괴 운운하는 것은 도가 지나치다. 최근 들어 환율과 저금리를 기반으로 주가가 폭등한 것처럼, 돈이 주식을 떠나 다시 부동산에 유입되면 어떻게 될지 아무도 모른다. 인간의 탐욕이 지배하는 투자시장에서 펀더멘탈은 항상 유동성 앞에 무릎을 꿇어왔다. 유동성의 다른 표현은 돈의 흐름이다.

부동산 시장의 양극화에 주목하라

　인간의 투자와 소비행동은 이성적이지 않다. 최근에 주류경제학의 무용론이 확산되는 이유는 주류경제학에서는 '인간은 이성적이고 합리적이다'라는 전제 하에 이론을 전개하기 때문이다. 그렇다. 인간이 시장에서 보이는 소비와 투자행태는 이성이나 합리와는 거리가 멀다. 인간은 자신의 소득 이상으로 과소비를 하고, 호황기에는 그것이 끝물인지 알면서도 집단동조화의 최면에 빠져 추격 투자를 한다.

　심리학자 최초로 노벨경제학상을 받은 다니엘 카너먼은 인간이 시장에서 보이는 행태를 두고 "인간의 감성은 거대한 코끼리고 인간의 이성은 초라한 조랑말이다."라고 말했다. 인간은 자신이 불행에 빠져야 비로소 정신을 차리고 이성에 눈뜨는 존재인지도 모른다. 그래서 호황기와 불황기에 시장을 보는 눈이 그렇게 다른지도 모르겠다. 역설적이게도 인간이 이성적으로 시장을 평가하는 때는 불황이 왔을 때다. 호황기에는 불황의 시그널이 여기저기서 감지되는 데도 관심이 없다. 불황이 현실이 되면 그제야 받아들인다. 그러나 때는 이미 늦은 뒤다. 호황기에는 호황이 계속되는 줄 안다. 부정적 시각은 발을 붙이지 못한다.

국토의 70%가 산지인 나라. 개발수요가 끊이지 않지만 개발할 평지는 매우 좁은 대한민국에서 부동산의 장기적인 불황을 생각하기는 쉽지 않다. 중대형 아파트가 주택시장을 주도할 때는 이런 글이 대세였다.

"90년대 이전에 지어진 아파트들은 대부분 국민주택 규모 이하다. 70년대 초에 만든 국민주택 규모 아파트는 과거의 낡은 개념이다. 그동안 한국경제가 비약적으로 발전했고 개인의 소득수준도 높아졌다. 무엇보다 큰 집에 살고자 하는 니즈가 강해졌으며 1인당 주거공간도 넓어졌다. 최근 지어진 중대형 아파트는 3베이 구조로 과거 동일 평형의 아파트보다 공간을 넓게 활용할 수 있고 채광이 좋다."

마치 건설사의 홍보를 대신하는 느낌이다. 그런데 공교롭게도 2000년대 초반부터 주택시장을 주도한 것은 중대형 아파트였고 가격은 버블이 꺼질 때까지 수직상승했다.

그러나 지금 중대형 아파트는 애물단지다. 수도권에서 단기간에 가장 많은 중대형 아파트가 공급된 용인의 아파트를 부동산 버블 끝물에 투자한 사람은 그야말로 큰 손해를 입었다. 예전 같으면 "기다려라. 아파트는 부동산 중에서도 환금성이 좋은 부동산이다. 가격이 빠져도 일시적이다. 손해 보고 팔지 말아라." 이렇게 말했을 것이다. 그러나 지금은 빨리 손절매하는 것이 이자를 줄이고 고통에서 빠져 나오는 길이라고 말한다. 내수경기가 침체되고 서민의 가처분 소득이 줄고 가계 빚은 급증하고 있다. 기업의 해외 공장 이전이 도미노처럼 이어지고 있으며, 지역상권은 대형마트에 의해 초토화되고 있다. 이 흐름을 보면 부동산은 이제 완전히 맛이 갔다고 말할 수밖에 없다.

그러나 이는 불황의 그늘이 짙은 침체기에 항상 나오는 이야기다. 분명 부동산시장의 버블이 꺼진 것은 맞다. 그러나 과잉 공급된 일부 지역을 제외하고는 붕괴라고 할 만큼 가격이 떨어진 곳이 별로 없다. 부동산 버블이 한창이던 시기에는 나 홀로 단지, 교통연계망이 부족하고 서울 접근성이나 생활편의시설이 낙후된 곳조차 집값이 급등했었다. 이제 그 거품이 걷히고 가격이 제자리로 돌아온 것뿐이다. 침소봉대하지 말자.

다만 중대형이 주택시장을 주도하는 시대는 끝났다. 실수요자라면 중대형은 가급적 피하되 경제성이 되살아나고 있는 소형 아파트는 욕심내도 괜찮을 것 같다. 여기에 유동성이라는 괴물이 부동산에 유입되면 소형 아파트의 가격이 급상승할 가능성도 있다. 한국은행의 기준금리 인하 조치로 그 흐름이 가시화되고 있다.

현재 부동산시장은 되는 물건과 안 되는 물건 사이의 간극이 매우 크다. 이른바 디커플링 현상이다. 중대형 아파트는 호황이 지난 것이 확실하다. 그러나 판교, 광교신도시, 세곡지구, 위례신도시 등 강남 중심권과 접근성이 좋고 인프라가 완비된 지역은 여전히 강세를 유지하고 있다. 한편, 중대형 아파트가 전반적으로 불황인 사이에 소형 아파트의 경제성은 올랐다. 상가는 침체되어 있지만 원룸 단지들은 호황이다. 이러한 부동산 시장의 디커플링 현상에 주목하여 투자한다면 기회를 잡을 수도 있다. 금리가 너무 낮다고 실망하지 마라. 옛말에 하늘이 무너져도 솟아날 구멍은 있다고 했다.

대학가 주변은 서울과 지방이 따로 없다

강남의 부동산을 가리켜 전국구 부동산이라는 말들을 한다. 전국구 부동산이란 자기가 사는 곳에 관계없이 대한민국의 돈 있는 사람들이 투자하는 부동산, 그래서 절대 꺼지지 않는 부동산을 가리키는 표현이다.

전국구 부동산의 위세가 얼마나 대단했었는지는 부동산 버블 시기를 복기해 보면 알 수 있다. 부동산 급등 시기에는 수도권 어느 지역이든 죄다 가격이 올랐다. 그러나 지방은 산업시설이 몰려있는 창원, 거제를 빼면 특별히 올랐다고 할 수 있는 곳이 없었다. 오히려 미분양에 허덕이는 곳이 더 많았다. 그야말로 지방은 부동산의 무덤이었다. 그중에서도 아파트는 특히 더 그랬다. 어디를 가도 마찬가지였다. 부동산 버블이 빠진 지금도 그 흐름에는 변화가 없다.

지방에서 미분양이 해소되고 집값이 오른다고 하는데, 이를 부동산 부활과 연결할 수는 없다. 수요와 공급의 괴리 때문에 발생한 일시적 현상으로 보는 것이 맞을 것이다.

탁월한 조망권을 가진 해운대 신시가지와 광안리 해수욕장, 광안대교 조망권을 가진 남천동 정도를 제외하면 부산은 여전히 아파트의 무덤이다. 부산만 그럴까? 부산에 이은 제3의 도시 대구도 학군이 좋은 수성구의 신축 아파트를 빼면 대부분 가격이 오르지 않고 있다. 교육 및 산업시설의 부족으로 인구 유출이 심한 곳에서 장기적으로 아파트 가격이 오르겠는가? 광주나 대전도 마찬가지다. 이 지역들은 수요보다 공급이 많다.

그러나 스튜디오 주택 시장에는 전국구가 존재하지 않는다. 자신의 역량으로 지역 내에서도 얼마든지 경제성 있는 물건을 확보할 수 있다. 부산에 가면 경성대, 부경대가 있는 대연동이 있다. 광안리해수욕장이 가깝고 중심 상권인 서면과도 가깝다. 이곳은 교통이 편리하고 상업시설이 밀집되어 있어서 대학생과 독신 직장인들이 많이 거주한다. 수요층이 두텁다. 이 지역에는 독신가구를 위한 원룸, 오피스텔이 몰려 있는데, 임대조건은 서울 2급지 수준이다. 반면 매매가는 싸다. 이는 투자금 대비 투자수익률이 좋다는 것을 의미한다. 물론 이 지역 내 원룸, 오피스텔 중에도 시설관리나 임대인에 대한 서비스, 홍보전략에 따라서 잘 되는 곳이 있고 아닌 곳도 있다. 그러나 레드오션에서의 피 튀기는 경쟁까지는 아닌 것이 현실이다.

대구지역의 경우, 영남대 주변에 원룸이 밀집해 있다. 영남대는 대구 중심권과 많이 떨어진 경산시에 있다. 경산시에는 영남대 이외에도 가톨

릭대, 대구대 등이 있는데, 이 대학들은 재학생 수가 2만 명이 넘는 메이저 캠퍼스라서 수요층이 탄탄하다.

이곳 이외에도 전국적으로 학생 수 2만 명 이상인 메이저 캠퍼스들이 몰려 있는 지역들이 많다. 이 지역들에는 임대수요자가 넘친다. 서비스 정신으로 무장하고 시설관리에 만전을 기한다면 장기적으로 안정적인 수익을 기대할 수 있는 임대사업이 가능하리라 생각한다.

수도권도 여전히 기회의 땅이다. 단국대 죽전캠퍼스 같은 요지는 꽤 많은 투자금이 요구되지만, 상대적으로 외곽에 위치해 있는 수원대, 한신대, 평택대 등 수도권 대학 주변에는 착한 가격대의 물건이 많다. 수도권에 위치해 있다는 것만으로도 매매가 대비 임대료가 높은 지역이다.

수도권 전철이 개통되어 있는 천안권의 대학가 원룸도 경제성이 있다. 단국대 천안캠퍼스와 백석대, 상명대, 호서대 천안캠퍼스 등이 몰려 있는 천안시 안서동은 중심가에서 다소 떨어져 있지만 대규모 원룸촌이 형성되어 있는 대표적인 지역이다. 아무 생각 없이 이 곳을 방문한 사람들은 그 엄청난 규모에 흠칫 놀란다. 나 역시 그랬다. 학생 수요가 많다보니 원룸이건 고시원이건 임대가격이 수도권에 육박하는 수준이다. 이곳 대학들에는 전철과 스쿨버스를 타고 등하교하는 수도권 학생들이 많아서 여전히 경제성이 충분하다. 학교 내 기숙사 수용 인원도 학생 수에 비해 적은 편이다.

천안권에는 이들 대학 외에도 순천향대, 호서대, 나사렛대 등이 있고 삼성반도체 공장에 근무하는 직원들도 다수가 살고 있어서 임대수요가 매우 풍부하다. 천안권은 상전벽해라는 말을 실감할 정도로 하루가 다르게 변화하고 있다. 고속버스터미널과 신세계백화점이 있는 신부동 중심가 거리는 젊은이들로 넘쳐난다. 글을 읽기만 하지 말고, 투자하기 전에 여행 삼아 한번 가보는 것도 재미있는 일이 될 것이다.

대전은 천안보다 낮은 가격으로 투자할 수 있는 곳이다. 대전에도 많은 사립대학들이 있다. 대전의 대학들은 기숙사 수용 인원이 절대적으로 부족하다. 배재대가 있는 도마동, 한남대가 있는 용전동·홍도동, 우송대가 있는 대동 주변의 대학촌에는 상당히 큰 원룸단지가 있다. 이 지역 원룸단지의 매물들은 수도권보다 많이 저렴하고 임대회전률도 높아서 경제적 가치가 크다.

실전 투자 사례를 보면 갈 길이 보인다

다가구 주택 건물 전체를 원룸으로 임대하는 경우에는 투자금이 많이 든다. 서울 대학가 주요 역세권의 원룸투자는 10억 원 이상의 거금이 필요하다. 이 정도면 거의 임대사업을 본격적으로 하는 수준이다. 소액으로 임대 부동산에 투자하는 사람에게는 거리가 먼 이야기다. 다만 투자금이 적은 개인들이 지분을 합쳐 공동 투자하는 경우에는 가능할 수도 있다.

〈3-1〉의 투자 사례는 우송대와 가깝고 젊은 유동층 인구가 많은 대전의 대동역 주변 다가구 원룸 주택이다. 이 지역은 임대회전률이 높은 반면 투자금이 수도권의 절반 수준이다. 여기서 눈여겨보아야 할 내용은 투자금 대비 수익성이다. 수익성이 좋다면 지역은 사실상 의미가 없다. 대전은 광역시다. 도시 인프라도 잘 갖추어져 있고, 특히 젊은층 인구가 많다. 대전시 도마동의 배재대, 용운동의 대전대, 홍도동의 한남대 주변에

〈3-1〉 대전 우송대 정문 입구 다가구 원룸 투자 사례

1. 원룸 정보	
대지	58평
건물	104평
원룸	풀 옵션 분리형 원룸 17개
준공년도	2011년 8월
2. 투자 대비 수익성	
매매가	63,200만 원
보증금	17,900만 원
대출금	17,000만 원
투자원금	28,300만 원
월세	414만 원
월 대출이자	85만 원
순 월세	329만 원
투자 대비 수익률	약 14%

* 위 수익률은 건물 유지 보수 비용과 세금을 공제하기 전의 수익률로 실제 수익률과 차이가 있다. 만약 투자를 계획하고 있다면, 이 부분까지 고려하여 투자에 따르는 수익을 잘 분석해야 한다.

는 대규모의 원룸단지가 형성되어 있다.

대전시 대학가에 위치한 다가구 원룸의 특징은 100% 풀옵션에 매매가와 임대료가 상대적으로 낮다는 점이다. 이는 지방대학 원룸촌이 보이고 있는 일반적인 특징이기도 하다. 다가구 원룸에 투자하고 싶은데 서울이나 수도권에서 매물을 찾자니 돈이 부족하다면 지방의 대학 원룸촌을 투자 대상으로 하면 가능한 물건을 상대적으로 많이 찾을 수 있다.

이 같은 건물에 주인이 거주하지 않는 경우, 별도의 인력을 두지 않고 관리를 위탁하기 때문에 별도 인력에 대한 비용은 발생하지 않는다. 가구 수가 많은 경우에는 별도의 인력을 두기도 하지만 흔한 경우는 아니다.

앞서 말한 대로 대전에는 도심 내 대학가마다 대규모 원룸촌이 형성되어 있다. 배재대, 한남대, 대전대, 우송대 등의 대학가가 대표적이다. 대전의 대학들은 기숙사 시설이 부족한 편이어서 원룸을 찾는 학생들이 많고 인근에 근무하는 직장인들도 많아서 임대수요가 풍부한 편이다. 문제는 방학 때마다 어김없이 찾아오는 비수기다. 이때 공실률을 얼마나 줄이느냐에 사업의 성패가 달려 있다.

대전 시내 원룸의 평당 매매가는 서울 역세권이나 대학가의 2/5 수준이다. 대출을 안고 산다면 2~3억 원으로 투자할 수 있는 곳이 많다. 굳이 원룸 임대사업을 하는데 서울이나 수도권만을 고집할 이유는 없다.

〈3-2〉의 투자 사례는 홍대입구역 인근의 다가구 원룸 주택이다. 홍대입구 역세권은 젊은 유동인구가 가장 많은 황금상권이다. 문제는 매매가 대비 수익률이 신통치 않다는 점이다. 이 물건의 $3.3m^2$당 매매가는 1,500만 원 선으로 서울시에서도 매매가 기준 A급 물건이다. 그러나 투자 대비 수익률은 지방권보다 크게 떨어진다.

〈3-3〉의 투자 사례는 파주 LCD 클러스트 인근 다가구 원룸 주택이다. 파주시 LCD 클러스트 단지는 도시 인프라가 거의 형성되어 있지 않은 서울 서북권에 위치해 있다. 그러나 LG전자와 협력업체 직원의 수요가 많고

⟨3-2⟩ 홍대입구역 인근 다가구 원룸 투자 사례

1. 원룸 정보	
대지	51평
건물	106평
원룸	13개
준공년도	2011년 3월
2. 투자 대비 수익성	
매매가	160,000만 원
보증금	11,000만 원
대출금	45,000만 원
투자원금	104,000만 원
월세	760만 원
월 대출이자	270만 원
순 월세	490만 원
투자 대비 수익률	5.6%

서영대, 두원공대 파주캠퍼스가 있어서 임대수요가 늘고 있다. 그러나 교통망이 부족하고 파주 운정신도시의 본격적인 입주와 신축 원룸단지로 인해 임대가가 낮아지고 있는 실정이며 임대회전률에도 문제가 있다. 3.3㎡당 매매가는 800만 원 정도로 수도권치고는 비싸지 않은 편이다.

우리가 이상의 사례분석을 통해 알아야 할 것은 원룸투자의 경우 '보기 좋은 떡이 맛이 있지는 않다'는 사실이다. 홍대 주변은 대한민국에서 가장 뜨거운 상권이다. 전국 각지에서 사람들이 몰려들고 교통편도 완벽하다.

〈3-3〉 파주 LCD 클러스트 단지 내 다가구 원룸 투자 사례

1. 원룸 정보	
대지	188.154평
건물	182.55평
원룸	21개
준공년도	2011년도
2. 투자 대비 수익성	
매매가	148,000만 원
보증금	15,000만 원
대출금	60,000만 원
투자금액	73,000만 원
월세	945만 원
월 대출이자	300만 원
순 월세	645만 원
투자 대비 수익률	약 10%

그러나 문제는 비싸다는 점이다. 그림은 좋지만 돈이 안 되는 곳이다.

대전 지하철 대동역에서 가까운 우송대 주변은 대전에서 젊은층의 유동인구가 많고 교통 역시 불편함이 없지만 상대적으로 가격이 매우 저렴하다. 투자 대비 수익성 측면에서는 서울 핵심지역을 압도한다. 원룸 투자를 마음먹고 있다면 투자의 범위를 넓히기 바란다. 가격만 비싸고 돈도 안 되는 곳을 단지 서울이라는 이유로 고집할 필요는 없다.

원룸투자에 있어서 특히 경계해야 하는 부분은 임대 수요층의 동향이다. 서울에서 단일 지역으로는 가장 많은 원룸과 다중주택이 몰려 있는 서림동, 대학동의 원룸단지들은 사법고시 폐지, 행정고시 인원 축소 등의 여파로 임대수요층이 급감하고 회전률이 급격히 떨어지는 추세다. 이러한 수요층의 변화를 알지 못하고 투자를 감행했다가는 큰 낭패를 볼 수 있다. 반면 고양시 덕양구 화정동의 원룸단지들은 중부대학교 고양캠퍼스의 개교, 명지병원의 서남의대 협력병원 지정 등으로 임대수요층이 상대적으로 풍부해지면서 회전률에 청신호가 켜졌다. 독신가구를 위한 스튜디오 주택은 그것이 다가구 원룸이든 오피스텔이든 다중주택이든 상관없이 임대 수요층의 동향이 수익률에 절대적인 영향을 미치기 때문에, 투자하기 전에 이러한 요인들을 잘 분석해야 한다.

전국적으로 원룸 단지들이 차고 넘친다. 언론에서 임대 부동산이 과잉공급되고 있다는 기사를 내보내고 있는 것을 충분히 이해할 수 있을 정도다. 언론에서 꺼내는 말이 100% 옳다고 할 수는 없다. 그러나 시장의 관찰자인 그들의 눈에 그렇게 보였다면 그대로 무시할 수도 없다. 한국 사회의 고질적인 병이 돈이 된다면 너나 할 것 없이 뛰어든다는 점이다. 이를 회피하기 위해서는 투자자 스스로 좀 더 많이 알아보고 신중해지는 수밖에 없다.

1기 신도시의 소형 아파트를 잡아라

고양시 덕이지구, 식사지구에는 아파트 입주 시기가 끝난 지금까지도 분양되지 않은 물량이 많다. 그럼에도 불구하고 인근 지역이라고 할 수 있는 김포신도시, 원흥, 삼송신도시의 신규분양에 사람이 몰리고 있다고 한다. 투자는 흐름이고 방향이라고 했던가? 장기적인 관점에서 아파트가 오를 가능성이 거의 없는데도 아파트 청약에 사람이 몰리는 현상을 어떻게 해석해야 할까? 아직도 아파트는 '사는 곳'이 아니라 '사는 것'이라는 과거의 환상에서 벗어나지 못한 것일까?

이제는 환상에서 벗어나야 한다. 광교신도시, 위례신도시 등을 제외하고는 분양가 대비 시세차익을 올릴 수 있는 신규 분양 아파트 단지가 전국적으로 거의 없다. 그러나 실망하기에는 이르다. 중대형 아파트는 그 경제성이 예전 같지 않지만 소형 아파트는 여전히 가치가 높고 그 가치는 독신가구의 증가로 더 상승하고 있다. 최근에 신규 분양하는 아파트들이 84m² 이하의 소형 아파트에 집중하는 것도 이런 흐름을 반영한 것이라고 할 수 있다.

'천당 아래 분당'이라는 말이 유행하던 때가 불과 얼마 전이다. 분당은 우리나라에서 제대로 개발된 첫 번째 신도시다. 자연녹지 비율이 높고 생활환경도 안정되어 있다. 강남 접근성도 뛰어나다. 지하철노선이 계속 확장되면서 교통환경도 좋아졌고, 무엇보다 학군도 좋다. 분당만 그런 것이 아니다. 호수공원으로 잘 알려진 일산 역시 제2자유로 개통, 경의선 복선 구간 연장 등으로 서울 접근성이 현저히 개선되었다. 도시 기반이 잡히면서 생활환경도 좋아졌다. 이것이 부동산 버블 시기에 이 지역 아파트 가격이 고공행진을 한 이유다.

그러나 버블이 꺼지면서 1기 신도시의 후유증이 크다. 주거여건으로 따진다면 가격이 밀릴 이유가 없다. 인근에 소규모 택지 개발지역이 늘어나고 판교나 광교신도시, 파주신도시 등 대체 신도시가 생겼지만, 이 흐름에 영향을 받지 않아도 될 만큼 분당과 일산의 주거여건은 뛰어나다. 분당과 일산을 포함하여 산본, 평촌, 중동에 위치한 중대형 아파트의 발목을 잡고 있는 것은 재건축의 기대감이 사라졌다는 데에 있다.

아파트는 보통 15~16년의 성숙기가 지나면 재건축 기대감으로 가격이 상승하는 것이 일반적이다. 재건축으로 용적률과 건폐율이 늘어나서 남는 면적은 일반 분양으로 돌려 시세차익이 발생하는 구조이기 때문이다. 그러나 대부분 고층 아파트인 1기 신도시 아파트들은 재건축으로 늘어날

용적률이 없다. 대안으로 리모델링이 거론되지만 경제적 효과는 소형 아파트에나 해당하고, 중형 이상은 1~2억 원 이상의 추가 부담금을 내야 한다. 여기에 광교신도시의 본격적인 입주가 시작되면서 분당의 위상이 많이 가라앉은 상태다.

1기 신도시의 투자 경제성이 사실상 끝난 것 아니냐는 말들이 많다. 1기 신도시가 이렇다면 다른 곳도 별반 다르지 않을 것이다. 리모델링으로 아파트 가치가 상승할 수 있는 곳은 강남의 핵심지역 몇몇 곳에 지나지 않을 테니, 이는 단지 1기 신도시의 문제가 아니다. 우리 주택문화 전반의 문제다. 지금까지 주택은 주거공간을 넘어 그 자체가 가장 경제성 있는 투자 상품이었다. 집 한 번 잘 사고 파는 것만으로도 평생 일해서 벌 돈 이상을 벌어들인 사람도 많았다. 이제 이런 흐름이 종말을 고하는 시점이 다가왔다.

그러나 이 와중에도 1기 신도시의 소형 아파트만은 가격이 꾸준히 상승하고 있다. 따라서 아파트 투자는 끝났다는 말은 이렇게 대체해야 한다. 중대형 아파트가 이전의 가치를 회복하는 것은 사실상 한계가 있지만, 소형 아파트는 앞으로도 그 경제성이 계속될 것이라고 말이다. 이유는 분명하다. 독신가구의 급격한 증가와 뉴타운과 재개발의 여파로 구도심의 멸실주택이 늘어나면서 독신자들과 신혼부부들의 주거공간으로 소형 아파트가 각광받는 시대가 왔기 때문이다.

이런 흐름은 1기 신도시의 소형 아파트에서만 보이는 흐름이 아니다. 서울에서 단일 지역으로 가장 많은 소형 아파트가 공급되어 있는 노원구의 경우, 건축 연령 20년이 넘어서 구조도 협소하고 낡은 소형 아파트의 경제적 가치가 오히려 상승하고 있다. 재건축에 대한 기대감 때문이기도 하지만, 이들 아파트를 임대해서 살고자 하는 독신가구와 신혼부부들의 수가 급증했기 때문이다.

아파트 투자를 말리지는 않겠다. 그러나 투자를 하겠다면 소형 아파트에 투자하라. 그것이 시장의 흐름이고 방향이다.

강남의 신축 오피스텔은 투자수익률이 낮다

　서울 강남의 신축 오피스텔은 투자하고도 싶어도 투자할 수 있는 사람이 별로 없다. 가격이 비싸기 때문이다. 그러나 슬퍼하지 말자. 오피스텔 투자의 경제성은 타 지역에 비해 현저히 떨어지는 지역이다. 서울 강남의 논현동, 역삼동, 삼성동 주변과 강남역 주변은 오피스텔 매매가와 임대가가 전국에서 가장 높은 지역이다. 그러나 임대주 입장에서 보면 경제성이 있다고 말할 수 없다. 투자금액 대비 수익성이 떨어지기 때문이다.

　이러한 투자 경제성은 강남의 아파트 단지 내 상가에도 똑같이 적용된다. 잠실의 재건축 단지 상가는 전국 최고의 분양가를 기록했지만, 입주가 끝난 지 5년이 지난 지금까지도 공실이 적지 않고 상가도 활성화되어 있지 않다. 반면 젊은 부부가 많고 아이들 소리가 끊이지 않는 노원구 소형 아파트 단지 상가의 학원과 병원에는 사람들이 북적거린다. 상가는 낡

〈3-4〉 강남 소재 분양 오피스텔 수익률 추정 사례

분양가	3억 1,200만 원
취득세	1,435만 원
총 투자금	3억 2,635만 원
연간 보증금	1,000만 원
보증금 운용 이익	50만 원
월 임대료	100만 원
연간 임대료	1,200만 원
총 임대수익	1,250만 원(보증금 운용이익 50만 원 포함)
연 수익률	3.8%

고 허름하지만 장사가 잘 된다. 중장년층이 많이 거주하는 중대형 아파트 단지 내 상가는 어디를 가나 썰렁하다. 아이들 목소리가 거의 들리지 않으니 장사가 잘될 리 없다. 아파트 가격과 상가 활성화는 반비례의 관계에 있다고 해도 무리가 없다.

상가나 오피스텔은 매월 꾸준한 임대수익을 얻는 것이 목적이다. 여기에 시세차익은 덤이다. 〈3-4〉는 최근 분양된 강남 소재 오피스텔의 수익률을 추정한 자료다.

총 3억 2,635만 원을 투자해서 연간 1,250만 원을 벌었다. 수익률이 고작 3.8%이고 이 수익률도 세전 수익률이다. 이런 투자를 하는 사람이 의외로 적지 않다. 시장조사를 전혀 하지 않고 투자한 것이라고 볼 수밖에 없다.

최근 오피스텔의 분양이 늘고 있다. 돈은 돈이 되는 곳에 몰리게 되어 있으니 당연한 일이다. 그러나 문제가 있다. 땅값, 건축비 상승으로 분양가가 크게 상승했다. 이는 1급지로 갈수록 더 심하다. 강남 부동산이 좋다는 것은 아이들도 다 아는 얘기다. 문제는 이곳의 수익형 부동산이 경제성을 담보하지 못 한다는 점이다. 오피스텔은 지은 지 10년 이상이 된 곳도 관리만 잘하면 사는 데 불편함이 없다. 꼭 신축을 고집할 필요가 없는 이유다. 역세권이 좋은 것을 모르는 바보도 없다. 그러나 서울 중심으로 접근하기 좋은 역세권은 투자금 대비 수익률이 생각보다 낮다. 직장인, 학생, 독신자를 주 수요층으로 하는 주거형 오피스텔은 임대료가 일정 수준을 넘어가면 수요가 급격히 감소한다.

임대 부동산은 지역 내 수요층의 소득, 그들이 심리적으로 감내할 수 있는 금액을 고려하여 임대료를 산정해야 한다. 강남에는 100만 원이 넘는 월세를 감당할 수 있는 수요층이 있지만, 수도권 외곽의 오피스텔은 사정이 다르다. 임대를 놓을 지역의 주 수요층의 현황을 잘 파악하고 그들에게 맞는 가격을 책정해야 한다.

투자할 때 가장 경계해야 할 것은 시장이 이러저러할 거라고 머리로만 생각하는 것이다. 그것이 오피스텔 한 채를 임대하는 일이라 할지라도 임차인의 입장에서 고객을 상대한다는 태도를 가져야 한다.

임대수익률을 과학적으로 계산하는 법

"장사는 앞으로 남고 뒤로는 밑진다."

장사하는 사람들에게 흔히 듣는 이야기다. 이 말이 나온 원인을 잘 생각해 보면, 대부분 돈관리에 소홀했기 때문이 아닌가 싶다. 돈이 들어오고 나가는 것만 잘 기록해두어도 원가를 분석하는 일에 큰 도움을 받는다. 그렇게 했다면 적어도 앞으로 남고 뒤로 밑진다는 이야기는 나올 수가 없다. 오피스텔 투자의 원가 계산은 그리 복잡하지 않다. 이 정도 수익 분석도 제대로 계산하지 못 한다는 건 말이 되지 않는다. 수익을 과학적으로 관리해야 전체적인 자산관리가 가능하다. 아래는 오피스텔 투자의 수익률 계산법이다.

분양가(매입가) : A

대출금 : B

대출금이자 : C

연간보증금 : D

연간임대료 : E

실투자금 : F(A-B-D)

연간예상수익 : G(E-C)

예상수익률 : H(G/F)

매매가가 1억 원이고 분양 평수 60m²인 오피스텔을 구입하면서 부족 금액 5,000만 원을 금리 6%에 대출받았다고 가정하고 위의 계산법에 따라 연 수익률을 구해 보자. 이 오피스텔의 임대조건은 보증금 1,000만 원에 임대료는 70만 원이다.

실투자금(F)=1억 원(A)-5,000만 원(B)-1,000만 원(D)=4,000만 원

연간예상수익(G)=840만 원(E)-300만 원(C)=540만 원

예상수익률(H)=540만 원(G)/4,000만 원(F)=13.5%

계산식에 동원된 데이터는 최적의 조건(매매가, 임대료, 임대회전률)을 가정하고 계산한 것으로 실제 수익률과는 차이가 있을 수 있다. 실제 수익률은 매물에 따라 달라지기 때문에, 투자를 하기 전에 직접 현지 부동산 중개사무소를 직접 방문해서 정확한 수익률을 계산한 다음, 오차 범위를

최대한 낮추어 투자해야 한다. 남의 자료만 믿고 투자했다가는 기대 수익률과 큰 차이가 날 수도 있다. 이 자료에는 임대료 운영을 통한 기회비용이 빠져 있다. 매월 받는 임대료로 적립식 펀드처럼 주식을 살 수도 있고 소액 채권저축에 투자할 수도 있을 것이다.

한국은행 기준금리가 1%대다. 이런 저금리 시대에는 은행권 상품을 버려야 내가 산다. 부자들은 리스크가 높은 상품이 수익률도 높다는 말을 신봉하지 않는다. 그들은 확정이율 상품을 선호한다. 한때 저축은행을 부자들의 사금고라고 부른 이유가 무엇이겠는가? 서민금융회사라는 저축은행이 왜 강남 요지에 몰려 있겠는가? 확정이율을 좋아하는 부자들이 집단으로 거주하고 있기 때문이다. 정기예금은 은행이나 저축은행이나 5,000만 원까지 예금자 보호가 된다. 여러 저축은행에 가족 수 만큼 분산 투자하면 거액을 투자해도 안전하다. 그런데 강남의 저축은행들이 대거 파산하고 이를 은행 계열사, 대부회사들이 인수하면서 예전의 금리 이점이 거의 사라졌다. 그래서 부자들이 몰려드는 곳이 채권형 상품과 원룸이다.

예전에는 산업은행이 발행하는 산업금융채권과 저축은행의 정기예금 통장을 보유하지 사람은 강남 부자가 아니라고 했었는데, 이제는 강남 부자들 중에 오피스텔 한 채 이상 가지고 있지 않은 사람이 드물다. 정기예금, 산업금융채권, 오피스텔의 공통점은 무엇인가? 바로 확정이율을 주는 투자 상품이라는 점이다. 그러니 목돈을 투자하고 매월 이자를 받는 상품이 정기예금밖에 없다는 생각은 버려야 한다.

금리가 낮아지면 정기예금뿐만 아니라 확정금리를 지급하는 거의 모든 금융 상품들의 수익률도 떨어진다. 한국은행의 기준금리가 1%대로 떨어지면서 주가가 들썩였고, 생전 주식투자와 담을 쌓고 살던 사람들마저 주식시장을 기웃거린다. 이것이 투자시장에서 인간이 보이는 보편적인 투자심리다. 그러나 이미 주가가 많이 올라서 고점일지도 모르는 상황에서 추격매수에 나서는 일은 매우 위험하다. 이러한 논점에서 벗어나 있으면서 은행예금과 맞먹는 안정성과 환금성이 보장되는 상품이 임대 부동산이다. 그래서 노후준비를 위한 투자 상품으로 저가의 소형 오피스텔을 주목하는 것이다.

독신자는 노마드형 인간이다

저가 소형 오피스텔이 수익형 부동산의 맹주로 올라서면서 공급과잉을 걱정하는 이들이 늘었다. 당연하다. 그러나 공급량에 비해 수요가 더 급증하는 흐름이기 때문에 크게 염려할 부분은 아니다. 어느 곳이나 돈이 된다고 하면 사람이 몰리고 경쟁이 생긴다. 붐이 일기 전에 투자한다면 그보다 좋을 수는 없겠지만 어떻게 매번 그럴 수 있겠는가? 그러나 소형 오피스텔은 계속 성장하는 시장인 만큼 공급량을 크게 두려워할 필요는 없다.

지금까지 임대주들은 구닥다리 방식으로 건물과 임차인을 관리해왔다. 계약서를 쓸 때가 아니면 얼굴보기도 힘들다. 이러니 서비스 마인드는 어디에서도 찾아 볼 수 없었다. 서비스 마인드로 무장하고, 고객의 니즈에 충실히 대응할 자세만 준비되어 있다면, 오피스텔 공급과잉을 걱정할 필요가 없다.

　세계 IT시장을 주름잡던 IBM은 한 때 사세가 무척 기울었다. 강력한 경쟁자인 마이크로소프트, 애플의 등장 때문이었을까? 결론은 그게 아니었다. 문제는 IBM 내부에 있었다. 거대기업 IBM은 오랜 기간 경쟁자 없이 시장을 독점해 왔다. 조직의 긴장감은 떨어지고 고객을 가르치려고만 했다. IBM이 개과천선하기까지 그들의 경영전략의 키워드는 'Think'였다. 그들 스스로 고객을 규정하고 고객의 소리에 귀 기울지 않았다. 경영위기를 겪고 나서 IBM의 경영전략 키워드는 "고객이 항상 옳다. 고객의 니즈를 따르지 못하면 위기는 매번 찾아온다."라는 절실함 속에 'Listen'으로 바뀌었다. 고객을 대하는 사고의 전환이 그나마 지금의 IBM을 가능하게 했다. 세상에서 돈을 가장 많이 버는 장사꾼은 고객을 가르치려 하지 않고 고객의 말에 절대적으로 따르는 사람이다.

　수익형 임대주택의 갑은 월세를 내고 사는 임차인이다. 그러나 지금까지 을의 위치에 있는 임대인이 이를 망각하고 임차인 위에 군림하였다. 수요가 아무리 늘었다고 하지만 임차인 입장에서는 선택할 수 있는 임대주택이 차고 넘친다. 이들의 발길을 잡기 위해서는 이제 을의 본분을 지켜 서비스 정신으로 무장하지 않으면 안 된다. 요즘은 무엇이든 사용후기가 바로 인터넷에 올라온다. 이 내용들은 사람들의 구매 결정에 많은 영향을 준다. 대표적인 부동산 인터넷 커뮤니티인 네이버 카페 '피터팬의 좋은 방 구하기'에 들어가 보면 하루에도 수십 건의 사용후기가 올라온다. 매일 등록되는 매물과 댓글은 이루 셀 수 없을 정도다.

오피스텔 한 채를 임대하더라도 서비스 마인드는 필수다. 노력 없이는 양질의 고객도 공실 없는 운영도 할 수가 없다. 부동산중개사무소와도 관계가 좋아야 하고, 훌륭한 서비스로 임차인의 로열티를 끌어내야 공실 없이 안정적으로 임차인을 끌어들일 수 있다. 요즘 임차인들은 인터넷을 뒤져서 정보를 얻고, 같은 처지에 있는 임차인의 경험담과 평가로 살 것인지 말 것인지를 결정한다. 인터넷 직거래 장터에 악성 후기가 올라오지 않도록 신경을 써야 한다.

독신자들은 도시의 노마드다. 그들은 일자리를 찾아 언제라도 떠날 수 있는 사람들이다. 그래서 짐을 가볍게 할 수 있는 빌트인이 잘 되어 있는 곳을 선호한다. 이것이 주거형 오피스텔 시장의 주 수요층인 독신자들이 가장 중요하게 여기는 부분이다. 최근 입주가 완료된 오피스텔은 대부분 세탁기, 가구, 냉장고, 에어컨이 기본 옵션으로 갖추어져 있다. 이는 이제 차별화 요소가 아니다. 고객은 그 이상의 서비스를 원한다. 고객의 요구는 비용으로 전가된다. 그러나 비용이 그 이상의 수익으로 돌아온다면 마다할 일이 아니다. 푼돈을 아끼려다 버림받는 상인이 되지 말고 고객에게 무한 충성해서 성공하는 기업가가 되라. 수익형 임대주택의 운용도 이런 마인드로 시작해야 살아남는다.

노후준비를 위한 투자 상품으로 임대 부동산이 다른 투자 상품에 비해서 상대적으로 경제성이 있다는 것이지 절대적인 것은 아니다. 따라서 이 시장도 경쟁이 있을 수밖에 없고 임대회전률에 심각한 문제가 발생해 수익률이 급락하는 물건도 많다.

아무리 노련한 사냥꾼도 토끼 한 마리를 잡기 위해 최선을 다한다. 오피스텔 투자를 표면적으로 나오는 수익률만 보고 쉽게 생각해서는 안 된다. 모든 일이 그렇듯 오피스텔 투자도 노력 여하에 따라 잘되는 집도 있고 안 되는 집도 있다.

4장

오피스텔 투자수익률 높이는 법

주거용 오피스텔이냐 업무용 오피스텔이냐

독신가구를 위한 스튜디오 주택에는 오피스텔만 있는 것이 아니다. 그런데 굳이 오피스텔을 이 장의 주제로 정한 이유는 여윳돈이 적은 서민과 중산층이 비교적 큰 부담 없이 투자할 수 있고, 환금성과 안정성이 있으며 수익성도 양호한 상품이라고 판단했기 때문이다. 여유자금만 넉넉하다면 대학가 주변의 다가구 원룸을 매입해서 임대사업을 펼칠 수도 있을 것이다. 그러나 그만한 여유가 되는 사람이 과연 얼마나 되겠는가?

모름지기 투자는 상품의 종류가 무엇이든 간에 자신의 여윳돈과 감당할 수 있는 수준의 대출금의 범위 내에서 해야 한다는 것이 나의 생각이다. 대출금이 자기 자본에 비해 과도한 경우, 기업이든 개인이든 재무적인 균형이 깨지기 때문에 자산의 운용이 시장의 변동에 따라 심하게 영향을 받는다. 명심해야 할 것은 어느 상황에서라도 투자 원금을 지키는 일이 투자로 돈을 버는 일보다 중요하다는 점이다.

　독신가구를 대상으로 하는 원룸 투자도 마찬가지다. 수익률이 좋다고 해서 감당할 수도 없는 빚에 의존해 투자했다가는 금융비용을 감당하기도 힘들고 공실률이 높아지기라도 하면 크게 손실을 입을 수 있다. 그래서 비교적 소액으로 투자할 수 있고 빚을 내서 일부 투자금을 조달하더라도 재무적인 위험이 크지 않은 저가의 소형 오피스텔을 저금리 시대의 노후준비 상품으로 생각해보라는 것이다. 이 상품만이 절대적 가치가 있다고 생각해서도 아니고, 이 상품에 특별한 애정이 있어서도 아니다. 단지 지금 상황에서 그나마 안정적으로 개인의 가처분 소득을 늘릴 수 있는 상품이기 때문에 저가의 소형 오피스텔을 이야기하는 것이다. 이런 관점에서 오피스텔에 투자하기 위해 반드시 알아두어야 할 내용들을 살펴보도록 하자.

　주택법의 개정으로 오피스텔은 준 주택이 되었다. 그러나 여전히 주택이 아닌 업무용 시설이다. 물론 주거용으로 사용해도 된다. 오피스텔 투자에서 주거용, 업무용을 구분하는 것이 중요한 이유는 주거용이냐 업무용이냐에 따라 내야 하는 세금이 다르기 때문이다.

　주거용과 업무용은 사실 그 경계가 뚜렷하지 않다. 일반적으로 오피스텔에 주민등록상의 거주지 이전이 되어 있으면 주거용으로 간주한다. 업무용으로 사용하는 경우에는 주소지를 이전하지 않는 것이 일반적이기 때문이다. 자녀들과 함께 사는 경우에도 주거용으로 간주한다. 상식적으로 사무공간에서 자녀들과 함께 살지는 않기 때문이다. 전화요금, 공과금

영수증을 비교해 구분하기도 한다. 은행계좌, 건강보험 기록 등을 검증해 실제 거주를 판단하여 주거용과 업무용을 구분하기도 한다.

최근 경향이 독신자를 위한 원룸 주택은 그것이 무엇이든 간에 풀옵션의 빌트인이 기본이다. 신축의 경우 이러한 옵션을 만족시키기 위해 들어가는 비용이 적지 않다. 반면에 사무용 오피스텔은 주거를 위한 시설이 필요하지 않기 때문에 여기에 들어가는 돈이 적다. 그리고 무엇보다 요즘에는 나 홀로 창업에 나서는 소호 창업자들도 많아서 수요층도 꽤 넓게 형성되어 있다. 마포구 대흥동이나 강남역 주변 상업지구에는 건축연령 20년이 넘은 낡고 오래된 사무용 소형 오피스텔들이 몰려 있다. 시설이 낡았고 주변 시세에 비해 매매가도 상당히 낮은 편이지만 사통팔달의 교통 편리성 덕분에 임대가 잘 된다. 수익률만 좋다면 반드시 주거용만을 고집할 필요는 없다. 등소평의 말처럼 검은 고양이든 흰 고양이든 쥐만 잘 잡으면 훌륭한 고양이가 아니겠는가?

수익형 임대주택은 투자 대상 지역이 넓고 투자할 곳도 많다. 반드시 저가 매물이 대규모 단지를 이루고 있는 지역에 가서 투자해야 하는 것도 아니다. 내가 사는 동네에 돈이 되고 관리하기 쉬운 물건이 있다면 그것이 가장 좋은 투자대상이 아니겠는가? 투자에는 꼭 지키고 따라야 하는 매뉴얼이 없다. 어느 곳이든 어느 물건이든 투자 안정성에 문제가 없고 수익률이 높으면 그 물건이 가장 좋다.

투자에는 장사가 없다. 주식이나 선물 옵션 같은 복잡한 분석이 필요한 상품이 아니라면 누구나 상식선에서 투자가 가능하다. 만약 당신이 저가의 소형 오피스텔에 투자하겠다고 마음먹었다면, 저가 오피스텔들이 몰려 있는 곳에 가서 한 달만 집중해서 매달려 보라. 아마 그 정도 성의만 있다면 어느 집에 어떤 사람이 사는지, 어느 집은 왜 임차인이 잘 들어오지 않는지, 매매하려는 오피스텔의 대출가능 금액은 얼마인지도 파악할 수 있을 것이다. 그러면 해당지역 물건에 대해서만큼은 전문가가 되는 것이다. 채권투자도 마찬가지다. 증권사 객장 직원의 말만 믿지 않고 자신이 직접 증권사 장외물량을 검색해서 수익률을 확인하고 매입하는 성의만 있다면, 채권투자가 뭐 그리 어려운 일이겠는가?

  매뉴얼과 현장 사이에는 상당히 큰 간극이 있다. 머리로만 아는 지식은 의미가 없다. 모든 답은 현장에 있다. 투자의 결과는 그 누구도 아닌 투자자 자신에게 있는 만큼, 자신이 주체적으로 투자의 결정권을 가져야 한다. 그것이 무엇이든 간에 말이다.

불황에도 끄떡없는 주거용 오피스텔

　10년 전만 해도 오피스텔 투자로 매매 차익을 얻는다는 건 사실상 불가능한 일이었다. 매입하고 몇 년이 지나도 매매가에 큰 변동이 없는 것이 오피스텔이었다. 누구나 오피스텔 투자는 임대수익을 얻기 위해서 하는 것이라고 알고 있었다. 오피스텔은 부동산 버블이 팽창하던 시기에도 매매가가 크게 오른 지역이 거의 없었다. 그런데 상황이 조금 달라졌다. 부동산 버블이 꺼져가던 시점부터 오히려 오피스텔의 매매 시세가 점점 오르기 시작했다. 세상에 죽으라는 법은 없다는 말이 그래서 나온 말이라는 생각이 들 정도다.

　오피스텔과 함께 대표적인 수익형 임대 부동산이 상가다. 상가는 상권의 분위기에 따라 경제성이 달라진다. 지금까지 수익성 부동산하면 상가를 의미하는 것이었다. 그러나 부동산시장이 급변하고 있다. 〈4-1〉는 수익형

〈4-1〉 **오피스텔과 상가의 투자 장단점 비교**

구분	오피스텔	상가
투자목적	주거 및 임대	사업용 임대
시세차익	거의 없다	가격 변동성이 크다
임대수익률	지역과 평형에 따라 차이가 크다	대체적으로 낮다
환금성	높다	낮다
임대회전률	높다	상대적으로 낮다
임대차 관리	비교적 용이하다	관리가 전문화되어 있다

부동산을 대표하는 오피스텔과 상가 투자의 장단점을 비교한 것이다.

오피스텔은 상가나 사무실에 비해 수익이 안정적이고 관리가 쉬우며 환금성이 높은 반면, 시세차익을 기대하기는 힘들다. 그러나 이는 독신자 인구가 폭발적으로 늘어나고, 뉴타운 재개발 사업으로 구도심 멸실주택이 증가하기 이전의 평가다. 독신자가 급증하고 인구의 수도권 집중현상이 강화되고 구 도심의 멸실주택이 증가하면서 저가의 소형 임대주택 가격이 상승세를 기록하고 있다.

일산의 경우 부동산 버블이 붕괴되던 시점부터 많은 오피스텔이 공급되었는데, 임대 부동산의 경제성을 판단하는 임대회전률, 임대가가 해마다 올랐고, 매매가격까지 상승했다. 지나친 공급의 확대는 가격을 낮춘다는 것이 일반적인 상식이지만 그런 모습은 보이지 않았다. 이는 공급량이 많았지만 수요 역시 그만큼 많다는 것을 의미한다. 바로 그 중심에 독신자의 비약적인 증가라는 사회현상이 있었다. 현재 우리나라의 독신자 비율은 28% 수준으로 선진국 수준인 40%까지는 한참 남아 있다. 이 말은 독신자를 대상으로 하는 소형 임대주택의 경제성이 여전하다는 뜻이 아니겠는가?

일산에는 2000년대 초반부터 중반까지 지역 내 소형 아파트를 모두 합친 물량보다 더 많은 오피스텔이 공급되었다. 당연히 공급 과잉이다. 이로 인해 장항동, 백석동의 오피스텔 단지들에서는 매매도 잘 이뤄지지 않고 공실률도 높았다. 중심 상권인 장항동에 비해 도시 외곽에 위치한 백석동의 오피스텔 단지들은 영향이 더 심했다. 2007년 말, 백석동 오피스텔 단지의 랜드마크라고 할 수 있는 브라운스톤 오피스텔의 경우, 들어오는 사람이 없어서 거의 덤핑 가격으로 임대를 놓았다. 공급 과잉은 경제성의 비극을 가져 온다는 말이 딱 들어맞는 상황이었다. 그러나 1년, 2년 시간이 흐를수록 임대가, 매매가, 임대회전률 등 오피스텔의 수익성을 보여주는 주요 지표가 급상승하기 시작했다.

이는 일산뿐만 전반적인 오피스텔 시장에서 나타난 현상이었다. 그 결과, 모든 지역이 해당하는 것은 아니지만, 수익성 높은 지역의 오피스텔 투자는 임대수익과 시세차익이라는 두 마리 토끼를 다 잡을 수 있는 효자상품이 되었다. 단기간에 주거용 소형 오피스텔이 가장 많이 공급된 고양시 장항동·백석동, 수원시 영통동, 부천시 중동, 성남시 수내동·정자동·미금동·구미동 등의 대규모 오피스텔 단지들은 5년 전에 비해 매매가격이 상당히 올랐다.

  수도권 주요 지역은 어느 곳이나 젊은 유동인구가 많다. 10년 전만 해도 홍대 주변이나 신사동 가로수길에 이렇게 사람들이 붐빌 줄 아무도 몰랐다. 어디 이 곳뿐이겠는가? 부천역 일대, 분당의 야탑동, 일산 로데오거리 등 경기도 내 인구 50만 이상 7대 도시의 중심 상권은 사람들로 인해 통행이 불편할 정도다. 이 많은 젊은이들이 과연 어디서 온 것일까? 일자리나 학교를 찾아서 전국 각지에서 몰려든 사람들이다. 이들로 인해 서울을 포함한 수도권 곳곳에서 고시원이 넘쳐나고, 저가의 소형 오피스텔도 그 분위기를 타고 있다. 수도권 외곽에 있는 중앙대학교 안성캠퍼스 주변과 시흥시의 원룸촌에는 일을 따라 주거공간을 옮겨 다니는 외국인 노동자들로 넘쳐난다. 내국인 독신자를 위한 주거공간에 외국인까지 더해져서 현재 이곳은 그야말로 만원이다.

아파트와 오피스텔은 전용면적이 다르다

    부동산 투자는 그리 쉽지도 단순하지도 않다. 알아야 할 것도 많고, 습득해야 할 관련 법규나 정보도 많다. 정부의 정책도 수시로 변하기 때문에 그때마다 변화된 내용을 숙지하고 있어야 한다. 그러나 이 정도 노력도 하지 않고 어떻게 돈을 벌 수 있겠는가?

    시장이 변하면 정부의 정책도 변한다. 문제는 항상 뒤늦게 이를 파악한다는 데서 발생한다. 독신자가 급증하고 전세가가 급등하면서 그 대체재로 오피스텔이 부상했다. 독신가구 증가로 인한 주거문제의 심각성을 파악한 정부도 최근 들어 오피스텔 관련법을 완화시키고 있다.

    주거용 오피스텔이 탄생한 배경에는 오피스텔 관련 법규가 완화된 제도적 측면이 있다. 그러다가 부동산 버블이 팽창하던 시기에 아파트의 대체재로 불법 건축되는 오피스텔이 급증하면서 규제가 다시 강화되었다.

〈4-2〉 오피스텔 건축 기준의 변화

구분	준 주택제도 시행 이전	준 주택제도 시행 이후
업무공간 면적	70% 이상	폐지
욕실	5m² 이하 설치금지	폐지
바닥 난방	85m² 초과 시 설치금지	85m² 초과 시 설치금지
발코니	설치금지	설치금지

그러자 아파트와 유사한 주거공간을 갖춘 오피스텔이 자취를 감추게 되었다. 그럼에도 불구하고 내부마감 개선, 수납공간의 확대, 풀옵션 빌트인 등으로 주거공간으로서의 편리성을 갖추게 되면서 직장인과 학생들의 수요를 끌어들였다. 그러다가 원룸주택 공급확대를 위해 도시형 생활주택이 등장하면서부터 〈4-2〉 도표에서처럼 법 규정이 완화되고 공급물량이 다시 늘게 되었다.

아파트는 '전용면적+공용면적'을 기준으로 가격이 결정된다. 그러나 오피스텔은 '전용면적+공용면적+주차면적'을 합한 면적이 기준이다. 따라서 오피스텔 분양가를 아파트 기준으로 묻는 것은 아무런 의미가 없다. 오피스텔은 아파트와 비교해 실제 사용하는 면적의 비율이 낮기 때문에, 단순히 분양면적을 보고 매매가의 적정성을 평가하지 말고, 반드시 전용면적으로 가격을 평가해야 한다. 같은 지역, 같은 시기에 지어진 동일 평형의 오피스텔 임에도 불구하고 분양가나 매매가에 차이가 있다면, 이는 분명히 전용률의 차이에서 오는 것이니, 물건을 둘러보기 전에 이 부분을 주의 깊게 살펴보아야 한다.

강남, 마포 등지에서 신축하는 오피스텔의 분양가를 동일 지역의 아파트와 비교해서 상대적으로 가격이 낮다고 착각하는 경우가 있다. 이는 일종의 착시현상일 뿐이다. 이 지역은 대한민국 어느 곳도 대체 불가능한 핵심지역으로 아파트 평당 매매가 3,000만 원을 호가하는 곳이 대부분이다. 이런 지역에 아파트 매매가에 한참 못 미치는 가격으로 오피스텔을 분양하니까 싸다고 느껴지는 것이다. 그러나 오피스텔의 전용면적이 아파트의 60~70% 수준이라는 것을 감안하면 실제 이곳 아파트의 매매가와 비교해서 싼 가격이 아니다.

강남 오피스텔은 부자들의 세컨드 하우스 개념 주거시설이며 주로 임대를 목적으로 한다. 그런데 강남 오피스텔은 대부분 투자금 대비 수익률이 신통치 않다. 수도권 전체로 봤을 때도 평균 수익률이 가장 낮은 편이다. 오피스텔은 아파트와 달리 핵심권역에서 멀어질수록, 매매가가 낮을수록 수익률이 높다. 월세가 60만 원을 넘어가면 가격에 대한 저항심리가 강해져서 수요층의 저변이 엷어지고, 투자금 대비 수익률도 크게 떨어지기 때문이다. 그래서 임대 수익률을 목표로 하는 오피스텔은 신축을 고집하지 말고 수요층이 넓게 분포되어 있는 저가의 소형 매물을 중심으로 투자하라고 권고하는 것이다.

공급 과잉을 걱정할 단계가 아니다

 2015년은 부동산 하락이 정점을 찍고 다시 상승하는 해로 기록될 것 같다. 물론 금리인하와 전세가 폭등으로 인한 일시적 반등의 성격이 강해 보이지만 말이다. 부동산이건 주식이건 정말 큰 장은 시중 자금의 유동성이 커질 때 나타난다. 최근에 주가가 단기간 급등한 이유도 실물경기가 호전되있기 때문이라기보다는 한국은행의 기준금리 인하에 따른 저금리 효과 때문이라고 보는 것이 맞다. 시중에 풀린 돈이 주식시장으로 몰려들면서 주가가 급등한 것이다.
 주가가 상승했다고 해서 한국 경제의 내용이 좋아졌다고 믿는 사람은 아무도 없는 것 같다. 투자는 흐름이고 방향이라지만, 여기에 한 가지 덧붙이면 심리게임이기도 하다. 인간의 탐욕이 지배하는 투자시장에서 투자의 결정은 이성적 판단보다 감정적 판단이 앞서는 경우가 많다.

투기 펀드가 세계의 돈을 98% 이상 움켜쥐고 경제가 취약해진 국가의 환투기를 조장해 통화를 무력화시키고 금융위기를 발생시킨다. 금융위기가 찾아오면 사람들은 너나할 것 없이 갖고 있던 주식과 채권을 헐값에 내다 판다. 여기에는 이성적 판단이 개입할 여지가 없다. 투기세력에 의해 일시적으로 유동성 위기가 온 것일 뿐, 경제의 펀더멘탈과는 무관한데도 그 순간을 견디지 못하고 소중한 자산을 헐값에 처분한다.

이 시기에는 필연적으로 금리가 치솟게 되어 채권가격이 폭락하고 우량주로 평가되는 주식의 가격도 폭락한다. 그러나 이 시기에 냉정하게 판단하여 우량 채권과 주식을 헐값에 매입한 사람들은 거의 리스크 없이 대박을 친다. 뭐 어렵게 생각할 필요도 없다. 서브 프라임 모기지가 불러온 금융위기 당시 가장 큰 수익을 올린 사람들은 채권에 투자한 사람들이었다. 이런 관점에서 시장을 조망해보면 왜 그동안 우리가 잘못된 투자를 해왔는지에 대한 답을 쉽게 찾을 수 있다.

시장 침체기에는 언제나 그렇듯 비관론이 대세를 이룬다. 그러다가 다시 호황기가 오면 언제 그랬냐는 듯이 시장의 펀더멘탈이 나아지지 않았음에도 긍정적 논리가 득세한다. 이런 과정을 생각하면, 불황기가 왔다고 해도 남들을 따라서 극단적인 평가에 휩쓸리지 말아야 한다.

인간의 본성이 지배하는 시장에서 확신에 찬 목소리로 앞날을 이야기하는 것은 오만한 일이다. 지금의 시장은 너무도 많은 이해관계가 얽혀있기 때문에, 몇 가지 경제지표로는 시장을 분석하기도 미래를 예측하기도 어렵다. 그저 시장의 흐름과 방향에 따르는 수밖에 도리가 없다.

최근까지 아파트 분양시장, 재건축·재개발시장, 토지시장은 모두 다 투자자에게 재앙이었다. 이렇게 된 이유는 간단하다. 인간의 탐욕이 지나쳐서 실제 가치 이상으로 가격이 부풀려졌고, 침체기가 오면서 그것이 잘못되었다는 것을 알게 되었기 때문이다.

시장은 비관론과 긍정론이 교차하면서 가격의 등락을 만들어낸다. 부동산시장을 두려운 마음으로 바라볼 필요는 없다. 가격이 시장이 받아들일 수 있는 수준으로 연착륙하면, 그 시점부터 환금성이 높고 핵심지역에 있는 물건들은 전 고점을 회복하고 신 고가를 쓸 확률이 높다.

투기펀드가 세상의 돈을 지배하는 상황에서는 금융위기로 실물자산의 가격이 폭락할 위험이 늘 존재한다. 역설적이지만 그럴 때가 투자의 기회다. 금융위기 당시 공포에 떨지 않고 주식과 채권, 핵심지역 아파트에 투자했던 사람들은 모두 다 돈을 벌었다.

수익형 부동산의 패러다임이 변한 것은 사실이다. 그렇다고 수익형 부동산의 경제성이 사라진 것은 아니다. 상가투자가 끝났다고 하는 순간에 새로운 대체상품인 오피스텔(원룸 포함)이 등장했다. 오피스텔이 뜬 이유는 이 상품이 단순히 상가를 대체하는 수익형 부동산이기 때문이 아니다. 사회경제적인 흐름과 맞아 떨어졌기 때문이다.

수도권 구도심에서 추진되는 뉴타운 재개발 사업으로 멸실주택이 늘어나고 전세난이 심화되자 신혼부부들이 오피스텔에서 결혼생활을 시작하는 비율이 늘어났다. 독신자 비율도 급증하고 있다. 이러한 요인들이 맞물리면서 오피스텔의 경제성을 키운 것이다.

오피스텔 공급이 늘면서 공급과잉을 걱정하는 시각이 있는데, 아직 그런 걱정을 할 필요는 없을 것 같다. 현재 서울을 비롯한 수도권에 분양 중이거나 입주가 막 시작 된 곳이 각각 5,000 가구 정도로, 다 합쳐도 10,000 가구 정도다. 시장에서 충분히 소화할 수 있는 물량이다. 게다가 우리가 타깃으로 삼고 있는 오피스텔은 3.3m^2당 분양가 1,000만 원이 넘는 신축 오피스텔이 아니라 그 절반 정도인 기존의 저가 소형 오피스텔이다. 부동산은 그 형태와 관계없이 저가에 소형일수록 투자의 환금성, 안정성, 수익성이 좋다.

아파트 전세가가 급등하면서 그 대안으로 다세대, 연립주택의 경제적 가치도 상승하는 중이다. 이 역시 높아진 전세가로 살 집을 구하기 어려운 신혼부부, 도시 서민들이 선호하기 때문에 나타나는 현상이다.

비싼 오피스텔이 좋은 오피스텔은 아니다

　서울 지역 내 신축 오피스텔의 평균 분양가는 1,400~1,800만 원 정도다. 높다. 이런 분양가로는 임차인이 생각하는 임대료 체감 상한선을 따져볼 때 경제성이 없다. 전용면적 기준으로 아파트와 비교하면 분양가가 원래 가격의 2배 가까이 된다. 이 점은 매우 중요한 부분이니 꼭 기억해두어야 한다.

　그럼에도 불구하고 오피스텔 청약률은 수십 대 일을 기록한다. 최근 오피스텔의 경제성이 뜨고 있다고 하지만, 도가 좀 지나친 게 아닌가 싶기도 하다. 그러나 청약률이 반드시 분양 완료를 뜻하지는 않는다. 청약은 넘쳐나지만 실제로 계약까지 이어지지 않는 경우도 많은 것 같다.

　오피스텔은 법률적으로 주택이 아니다. 따라서 1가구 1주택에 해당되지 않고 청약통장도 필요 없다. 청약금 100~300만 원이면 누구나 아무조건 없이 청약할 수 있다. 청약에 당첨된 후 계약을 하지 않아도 된다. 청약을 포기해도 청약금을 모두 돌려받을 수 있기 때문이다. 이 때문에 청약 경쟁률이 100 대 1이라고 해도, 실제 계약 결과는 전혀 다르게 나올 수 있다. 송도 신도시에서는 청약률이 180 대 1이었던 오피스텔의 실제 계약률이 50%도 되지 않았던 경우도 있었다.

오피스텔 분양가가 비싸지고 있다. 이는 투자 수익성의 악화로 이어진다. 오피스텔은 내가 쾌적하게 살기 위해 투자하는 것이 아니다. 투자 목적은 처음부터 끝까지 수익성에 있다. 분양가가 높은 오피스텔을 매입해서 수익을 높이기 위해 무리하게 임대료를 올리면 임차인이 들어오지 않는다. 주변 오피스텔 임대가가 있는데, 신축한 오피스텔이라고 해서 높은 임대료를 주고 살 사람은 많지 않다.

3.3m²당 1,500만 원인 분양면적 15평 오피스텔의 분양가가 2억 2,500만 원이다. 실 거주면적은 8~10평 정도다. 만약 월세로 100만 원을 받는다 해도 투자금 대비 수익률은 6%다. 공실이 발생할 경우, 이는 모두 소유자가 부담해야 한다. 여기에 소득세까지 감안하면 경제성 있는 투자가 아니다. 그래서 오피스텔 투자는 처음부터 수익률을 염두에 두어야 하고, 신축만을 고집해서는 안 된다.

신축 오피스텔의 경우, 분양 회사에서 말하는 임대수익률이라는 것은 그들이 말하는 월세로 100% 임대회전율을 달성했을 때를 전제로 한다. 임차인들이 나가고 들어오는 것이 딱딱 맞아떨어진다면 좋겠지만 세상일이 어디 그럴 수 있겠는가? 게다가 임대가격이 심리적 저항선인 60만 원을 넘어선다면, 그들이 말하는 임대수익률에 구멍이 날 수밖에 없다. 그래서 정말 임대수익만을 노리고 오피스텔에 투자할 생각이라면 저가의 소형 오피스텔에 투자하라고 말하는 것이다. 그래야 오피스텔 매입 후 벌어지는 기대수익률과의 차이를 줄일 수 있다.

신축 오피스텔을 매입할 정도의 경제적 여력이 있는 사람이라면 아마도 다른 자산 역시 많은 사람일 것이다. 그렇지 않고 무리하게 빚을 내서 투자하는 경우라면 위험하다. 평당 분양가 천만 원이 넘는 신축 오피스텔은 투자금 대비 임대수익률이 크게 떨어지기 때문에, 빚을 내서 투자했을 경우 임대소득에서 대출이자를 빼고 나면 남는 돈이 얼마 되지 않는다.

수도권 외곽의 저가 소형 오피스텔을 우선적인 투자 대상으로 삼으라는 이유를 다시 한 번 강조하고자 한다. 그 이유는 임대 부동산으로서 오피스텔 투자의 특징은 외곽으로 갈수록, 저가의 소형일수록 임차인 수요가 많고 투자금 대비 임대소득이 높기 때문이다. 오피스텔은 내가 살 곳이 아니라 임대 수익을 목적으로 투자하는 상품이다. 이런 관점에서 시장의 흐름을 읽어나가기 바란다.

값싼 오피스텔이 투자수익률은 좋다

아파트에는 명품의 논리가 숨어 있다. 노 부부 두 사람이 살면서도 중대형 아파트를 포기하지 못한다. 남의 이목 때문이다. 사람들은 자기가 가진 물건을 쉽게 포기하지 못한다. 자기가 갖고 있는 것을 실제 가치 이상으로 평가하는 성향 때문이다. 인간의 소비와 투자는 과학과 거리가 멀다.

오피스텔은 세컨드 주택이며, 노후의 안정적인 캐시카우 수단이다. 남을 의식해서 요지에 있는 신축 오피스텔을 고집할 필요가 전혀 없다. 조금 오래 되었더라도 돈 되는 곳에 투자해야 한다. 서울 강남지역 주요 역세권의 오피스텔은 분양 평수가 20평만 되어도 월세가 100만 원을 훌쩍 넘는다. 유흥업 종사자가 단기간 거주할 목적으로 사는 것이 아니고서야 평범한 직장인 중 그 돈을 내고 살 사람은 거의 없다. 그래서 강남에는 그 대체재로 고가의 임대료를 내는 고시원이 몰려 있다. 고가라고는 해도 주변의 오피스텔과 비교하면 임대료가 많이 싸기 때문이다.

임대료와 비례해서 수요는 체감한다. 이것이 오피스텔 수익 구조의 전부다. 임대료가 비싸도 올 사람은 온다고 미리 단정하여 고가의 오피스텔에 투자해서는 안 된다. 임대료가 높으면 임대회전률의 탄력성이 크게 떨어진다. 수익을 노리고 오피스텔에 투자하겠다면 무조건 소형에 투자하라. 다시 강조하지만 오피스텔 임차인에게 중요한 것은 시설이 아니라 저렴한 월세다.

분당의 구미동에는 건축한 지 거의 20년이 다 되어가는 시그마 오피스텔 단지가 있다. 건축한 지 20년이 넘으면 아파트의 경우 재건축 이야기가 나오는 시점이다. 그러나 시그마 오피스텔은 20년이 다 되어가는 데도 외관이 여전히 수려하고 임대인의 관리 여하에 따라 생활시설이 신축과 비교해도 손색이 없다. 오히려 인근에 새로 들어선 오피스텔 단지들보다 주거환경이 좋고 임대회전률은 거의 100%에 가깝다. 어디 이런 곳이 이곳 뿐이겠는가? 발품을 부지런히 팔면 수도권 곳곳에서 이처럼 경제성이 있는 매물을 발견할 수 있다. 임대사업은 그것이 한 가구일지라도 자신의 노력 여하에 따라 연간 수익률에 큰 차이가 난다.

요즘 웬만한 오피스텔은 관리인을 상주시켜 매일 배출되는 쓰레기들을 완벽하게 처리하고 건물 내·외부까지 청결을 유지하기 때문에 건축 수명이 매우 길어졌다. 일산 백석동의 브라운스톤만 해도 건축된 지 10년이 다 되어가지만 신축 오피스텔처럼 관리가 잘 되어 있다. 강남 역세권 접근성이 좋아 강남에 근무하는 독신자들에게 인기가 높은 평촌 관양동의 오피스텔 단지들도 마찬가지다. 신축한 지 오래 되지 않았지만 매매가가 비교적 저렴하고 경희대 국제캠퍼스, 삼성전자 기흥공장과 가까운 수원 영통동의 오피스텔 단지들도 꽤 관리가 잘 되고 있다.

자신의 투자 여력에 맞는 오피스텔을 부지런히 찾아다니다 보면 신축이 아니더라도 많은 물건을 찾을 수 있을 것이다. 자금이 넉넉하고 임대 부동산 사업을 적극적으로 해보겠다고 마음 먹은 경우라면 서울에 비해 매매가가 낮고 임대회전률이 높은 수도권 대학가, 공장 밀집지역 내의 다가구 원룸 투자도 고려해 볼 만하다.

다가구 원룸은 매매가가 낮다고 해서 경제성이 담보되는 것은 아니다. 파주시 월릉동 주변에는 서영대, 두원공대 파주캠퍼스가 들어서고 파주 LCD 클러스트가 조성되면서 우후준순 격으로 오피스텔, 다가구 원룸이 들어섰지만 임대회전률은 신통치가 않다. 임대조건도 사업주 입장에서는 불리하다. 이 곳은 너무 외져 있어서 다소 거리가 있더라도 생활 조건이 나은 일산으로 빠져나가는 수요층이 많고, 실제 수요보다 공급이 많았던 측면이 있다. 원룸도 투자라면 투자인데 사업성을 간과해서는 안 된다.

임대소득 합법적으로 적게 내는 법

오피스텔은 수익형 부동산의 범주에 속한다. 따라서 당연히 소득세를 내야 한다. 임대소득은 금융소득처럼 다른 소득과 합산해서 세금이 부과되는 종합소득세 과세 대상이다. 임대소득에 따라 적용되는 소득세율은 6.6%~38.5%다. 다른 소득이 많을수록 소득세율이 높게 적용된다. 다른 소득, 이를테면 급여소득·사업소득·이전소득이 많을수록 소득세율이 올라가기 때문에 다른 소득이 많은 사람은 사전에 세무사를 통해 세무조정을 할 필요가 있다.

세금을 덜 내기 위해 "금융종합과세 해당자는 소득이 없는 사람의 명의를 빌려 투자하는 것이 유리하다."고 말하는 경우가 있는데, 이는 도덕적인 방법이 아니다. 금융종합과세는 부부합산으로 계산되는데 다른 사람의 명의를 빌리는 것은 결국 이해관계 없는 제3자 명의로 하자는 것으로 불법이다. 자본주의에서 가장 나쁜 도둑이 세금도둑이라는 말이 있다. 높은 소득세율이 적용될 정도로 돈이 많은 사람은 세금도 많이 내야 한다.

구더기 무서워서 장 못 담근다는 말이 있다. 임대사업소득이 연간 2,000만 원 이하인 사람이 "세금이 무서워서 투자를 못하겠다."고 말하는 것은 걱정하지 않아도 될 일을 사서 걱정하는 꼴이나 마찬가지다. 다가구 건물을 통째로 매입해서 임대사업을 하는 사람들은 이미 자산의 여유가 있는 사람들이고, 그 정도 투자할 여력이 있는 사람들은 합법적으로 절세하는 방법에 대해서도 잘 알고 있을 것이다. 따라서 여기서는 저가의 소형 오피스텔 투자자 위주로 취득세, 등록세 그리고 임대사업에서 발생하는 소득세에 대해 알아볼 것이다.

먼저 취득세다. 오피스텔은 매입 시 취득세 4%, 농어촌특별세 0.2%, 지방교육세 0.4%를 합쳐 매매가격의 4.6%를 세금으로 내야 한다. 그러나 소유주 본인이나 가족들이 거주하지 않고 임대주택으로 등록할 경우에는 세금감면 혜택을 받을 수 있다. 오피스텔 취득세를 면제받기 위해서는 전용면적 $60m^2$ 이하의 오피스텔을 분양받아서 주택임대사업자로 등록하고 임대사업을 하면 된다.

1세대일지라도 오피스텔을 임대하는 경우에는 임대소득이 발생하기 때문에 임대사업자등록을 하는 것이 원칙이다. 사업자등록을 하고 임대사업을 하는 경우에는 오피스텔이 주택에 포함되지 않지만, 사업자등록 없이 임대를 할 경우에는 1가구 2주택으로 간주된다는 점도 알고 있어야 한다. 오피스텔 임대는 업무용이냐 주거용이냐에 따라 세금감면 혜택이

〈4-3〉 일반임대사업자와 주택임대사업자 비교

항목	일반임대사업자	주택임대사업자
등록시기	계약 후 20일 이내	취득 후 60일 이내
취득세	매매가의 4.6%	전용면적 60m² 이하 면제 전용면적 60m~85m² 이하 25% 감면
부가세	환급	납부
의무임대기간	10년	5년
세입자 전입신고	불가	가능

(출처_국토교통부)

달라지기 때문에 1세대만 임대할 것인가 2세대 이상 임대할 것인가를 빨리 정하고 사업자등록을 선택해야 한다. 1세대만 임대할 경우에는 일반임대사업자로 등록하는 것이 일반적이고 2세대 이상 임대할 경우에는 주택임대사업자로 등록하는 것이 보통이지만, 반드시 어느 쪽이 유리하다고 말할 수는 없다.

임대사업자 소득에 대한 세금은 부동산 관련 세금이 아니라 임대사업을 통해 얻은 사업자 소득으로 분류한다. 임대소득이 2,000만 원 이상이면 종합소득세를 납부해야 하는데, 종합소득세의 세율은 6~38%로 소득이 많아질수록 세율이 높아진다. 임대소득이 2,000만 원 이상이면 분리과세도 가능하다. 분리과세는 정기적인 수입이 아닌 비정기적인 소득에 적용되는 것으로 세율은 14%다.

세금은 주택 보유 수가 아니라 임대소득을 기준으로 한다. 2014년 2월

26일 국회에서 '주택 임대차 시장 선진화 방안'이 발표된 이후에 비과세 대상기간이 연장되었는데, 분리과세대상자의 세금은 2016년까지 비과세 대상이고, 2017년 임대소득을 기준으로 2018년부터 과세 예정이다. 사업소득이 발생하면 지역의료보험으로 전환되는데, 임대소득이 2,000만 원 이하인 피부양자는 해당되지 않는다.

결론적으로 저가의 소형 오피스텔에 투자해서 월 100만 원, 연간 1,200만 원의 임대소득을 올리는 임대사업자의 임대소득 관련 세금은 거의 없다고 봐도 무방하다. 따라서 저가의 소형 오피스텔 한두 채를 매입해서 임대하려고 해도 세금이 무서워서 투자를 못하겠다는 말은 여기에 해당되지 않는다. 임대사업에 대한 소득이 2,000만 원을 넘어서 세금이 부담되는 경우라면, 임대보증금을 높여서 월세 비중을 낮추는 방법으로 임대소득을 조정하거나 보유주택 수를 줄이는 방법으로 세금을 줄일 수 있다.

고시원에는 고시생이 없다

　사람들의 머릿속에 일반적으로 자리 잡고 있는 고시원에 대한 생각은 낡고 허름하고 자기 몸 하나 눕기 힘든 열악한 곳이라는 생각이 지배적이다. 이랬던 고시원이 관련법규 강화로 진화하고 있다. 이름도 고시텔로 바뀌었다. 요즘 고시원에는 고시생이 없다. 고시원 주변 직장에 다니는 회사원과 대학생이 대부분으로 도시 독신자들의 주거공간이 된지 오래다.

　지금까지의 고시원은 싸다는 장점은 있어도 공용으로 화장실과 샤워실, 취사시설을 이용해야 하기 때문에 사생활이 보호되지 않았다. 안전시설도 미흡했다. 그러나 최근에는 이전과 완전히 달라졌다. 지역과 가격에 따라 다르지만, 월 40~60만 원을 내면 화장실과 샤워실이 딸린 방을 제공하는 곳이 크게 늘었다. 기본적인 식사도 제공된다. 월세만 내면 각종 공과금 등 일체의 비용이 없다. 초고속 인터넷도 무료다. 경우에 따라서는 사무공간으로도 이용이 가능하다. 이 때문에 비교적 소득이 높은 회사원이 몰리고 있다. 강남에 이런 형태의 고시원만 몇 백 곳 이상 되는 것 같다. (정확한 수치는 아니다. 계속 늘고 있어서 현황 파악이 안 될 정도다.) 이제 한국형 스튜디오 주택시장을 주도해왔던 원룸, 오피스텔을 위협하는 수준을 넘어서 대체되는 흐름까지 나타나고 있다.

투자자 입장에서도 원룸보다 낫다. 투자금도 원룸에 비해서 낮고, 건물을 짓지 않고 기존 건물 한 층을 매입하거나 임차해서 운영하면 된다. 고시원 규모가 30실이고 1실 당 평균면적이 4평이라면, 공용면적을 20평이라고 할 때 총 140평이면 된다. 이 정도 규모의 고시원 월세는 강남권을 기준으로 50~80만 원 정도다. 월세 60만 원 정도면 공실이 없다는 가정 아래, 월세 수입만 한 달에 1,800만 원이고, 1년이면 2억1,600만 원이다.

고시원이 급증하는 독신자의 주거공간으로 확실하게 자리 잡고 수요층이 넓어지면서 시설이 과거와 크게 달라졌다. 고시원은 이름에서 알 수 있듯이, 처음에는 수험생을 위한 주거공간이었다. 비용이 싸다는 이유로 차츰 직장인 독신자들이 수험생을 대체하면서 현재는 일반인이 주 수요층이 되었다.

최근 고시원 이름이 주는 낡고 허름한 인식을 개선하기 위해 원룸텔, 미니텔, 미니원룸, OO하우스로 간판을 바꿔 단 곳이 많아졌다. 이름만 바뀐 게 아니라 시설도 진일보했다. 개인룸에 화장실, 샤워시설을 갖추고 초고속 인터넷도 무료로 제공된다. 시설이 개선되면서 독신자들의 고시원 선호도도 크게 좋아졌고 수요층도 두터워졌다. 그러나 공급이 넘치다

보니 사업성이 떨어져서 시장에 나오는 매물도 많아졌고, 이를 대상으로 컨설팅하는 직업까지 생겨나고 있다.

시장에 나온 매물의 가격은 1억 원 이하부터 수억 원에 이르기 까지 다양하다. 나는 개인적으로 이 정도 물건을 투자하기 위해 남에게 돈을 주면서까지 투자 조언을 받을 필요는 없다고 생각한다. 본인이 직접 발품을 팔아 뛰어다니면 알 수 있는 내용들이기 때문이다. 투자하는 데 있어서 남의 의견은 그냥 참조하는 것이어야지 그 말만 믿고 투자했다가는 큰 낭패를 볼 수 있다.

투자의 개념을 떠나서 고시원 거주자가 늘고 있다는 것은 자본주의의 우울한 모습을 보는 것 같아서 마음이 좋지 않다. 고시원의 시설이 아무리 진화했다고 하지만, 여전히 번잡한 상가건물을 임대해 들어가 있기 때문에 소음문제로부터 자유롭지 않고, 실제 거주 면적이 넓어봐야 고작 3평도 안 되기 때문에 답답하고 좁은 것이 사실이다. 그 안에 내 아이 또래의 수많은 청년들이 거주하고 있다는 생각을 하면 마음이 아프다. 청년 독신가구의 증가를 돈벌이로만 생각하는 것이 아닌가 싶어 책을 쓰면서도 마음이 편치만은 않다.

오피스텔 투자 성공 매뉴얼

무엇을 하든 세상 일이 자기 뜻대로만 되는 경우는 없다. 언제나 변수가 있다. 그 변수를 줄이는 방법 중 하나가 사업 경험을 적은 업무 매뉴얼을 만드는 것이다. 오피스텔 투자를 성공으로 이끄는 매뉴얼에는 무엇이 있을까? 아마 세세한 부분까지 매뉴얼로 만든다면 수 백 가지도 넘을 것이다. 그 중에서도 꼭 알아두어야 할 중요한 지침을 추려보면 다음과 같다.

임대조건은 직접 발품 팔아야 정확히 알 수 있다

임대수익률, 임대회전률 등 오피스텔의 경제성을 나타내는 주요 요소들은 인터넷을 비롯한 각종 매체를 통해서 부풀려지기 마련이다. 부자학에서는 자신의 돈을 지킬 수 있는 능력의 소유자가 진짜 부자라고 말한다. 이 말에는 남의 말만 믿고 투자하는 것을 경계하라는 의미가 담겨 있다. 물건은 한 번 잘못 사면 바꾸거나 돈을 되돌려 받기가 어렵다. 되돌려 받는다 해도 손실이 발생한다. 부동산 투자는 일반 상품을 사는 것과 투자금액의 단위가 다르다. 이런 투자를 하면서 남의 말만 듣고 결정한다는 건 말이 되지 않는다. 사고자 하는 매물이 있는 지역을 시간 날 때마다 찾아가라. 지역 내 부동산중개사무소 사람과 안면도 트고 자주 만나다 보면 그가 투자의 조력자가 된다. 처음 본 사람은 속여도 인간관계가 있으면 속이지 않고 내 편이 되어 주는 것이 사람관계의 특징이다.

역세권에 목메지 마라

역세권이 좋다는 사실을 모르는 사람은 없다. 도심 역세권에 있는 신축 건물은 분양시점부터 프리미엄이 붙는다. 투자자 입장에서는 가격이 부담스러울 수밖에 없다. 가격이 높다고 임대료를 더 받기도 어렵다. 주변 오피스텔과의 형평성을 고려해야 하기 때문이다. 결론적으로 역세권 프리미엄이 붙은 오피스텔일수록 수익성은 낮아지게 되어 있다. 오피스텔은 매매차익을 노리고 투자하는 부동산이 아니다. 임대수익을 목적으로 하는 수익형 부동산임을 늘 염두에 두기 바란다.

오피스텔은 저금리 때문에 투자가치가 높아진 게 아니다

금리가 낮다. 그것도 상당히. 금융위기가 찾아와 경제의 위험이 높아지지 않는 한, 앞으로 금리는 예전처럼 오르지 않을 것이다. 오피스텔의 투자가치는 금리보다는 독신가구 증가라는 사회적 변화에 더 큰 영향을 받았다. 이러한 사회현상이 하나의 패러다임이 되면서 오피스텔은 그 자체로 투자가치가 생겼다. 저금리는 노후준비를 하는 데 있어서 장애요인이다. 노후준비 상품으로 금융 상품을 선호하는 경향이 매우 높은데, 대체수단으로 그 이상의 수익성을 담보하는 상품이 오피스텔이다.

성공사례는 과장되어 있다

오피스텔 투자 성공 사례 중에 "전업주부, 오피스텔 투자로 500% 수익을 달성하다"라고 적힌 기사를 읽은 적이 있다. 이 분의 투자 이력을 확인할 수 있는 자료가 없기 때문에 진실 여부는 알 수 없었다. 만약 이 분이 정말 2억 원으로 오피스텔에 투자해 500%의 수익률을 올렸다면 과도한 레버리지를 했다는 것인데, 이 경우는 천운이 맞아떨어진 것이다. 투자의 7할은 운이라는 말이 있는데, 이 분이 그 운 덕을 본 것일 뿐 일반적인 사례는 아니다. 이 사례가 진실이든 아니든 보기 드문 사례인 것만은 분명하다. 오피스텔 투자로 이런 수익률을 올린 다는 것은 거의 기적에 가깝다. 언론매체를 통해 나오는 수익률이라는 것은 대부분 부풀려지거나, 마케팅 수단으로 이용되는 것들이다. 수익률은 본인이 직접 모든 변수를 고려해서 근사치 계산이 가능하다. 직접 해보면 알 수 있다. 남의 말만 듣지 말고 스스로 실천하는 투자자가 되라.

공실을 최대한 줄여라

공실이 발생하면 임대료는 물론이고 공실기간 중 발생하는 관리비까지 소유자가 부담해야 한다. 임대만 생각하고 이동이 심한 직업군에 속하는 사람을 많이 받다 보면, 나중에 공실이 길어지는 상황이 발생한다. 마음이 급하더라도 장기 거주자를 찾는 것이 경제적이다. 선 월세를 내는 장기 거주자는 할인 혜택을 주어 유인하는 전략도 필요하다.

수도권 외곽의 고립된 지역에 있는 대학가 주변 원룸은 대부분 월세를 연 단위로 환산해서 계약한다. 월세가 30만 원이면 보증금 없이 1년 치 월세 총합 360만 원을 입주계약과 동시에 받는 식이다. 고립된 지역의 대학가 원룸촌은 방학을 하면 곧바로 공실이 발생할 수밖에 없기 때문에 고육지책으로 이렇게 하는 것이다.

중앙대 안성캠퍼스 후문 지역의 오피스텔 단지, 강원도 강릉의 관동대 주변, 삼척시의 강원대 삼척캠퍼스 주변, 원주의 상지대 주변, 충주·제천 지역의 세명대, 교통대, 건국대 충주캠퍼스, 천안 안서동의 대학가 원룸촌들은 대부분 연 임대료를 한 번에 받는 것이 관행처럼 되어 있다. 안정적인 임대 수익을 위해 이런 방법도 고려해볼 만하다.

시행사와 시공사를 검증하라

시행사는 사업의 주체로 사업계획서 한 장으로 사업을 시작한다. 사업자금도 분양받은 사람의 종자돈이 주요 재원이다. 초기 공사대금도 시공사의 보증으로 소위 프로젝트 파이낸싱 금융기법을 통해 조달한다. 이런 사업방식은 때때로 큰 파장을 일으킨다. 시행사 부도로 사업이 지연되거나 중단되는 사례가 많기 때문이다. 따라서 사업 주체인 시행사가 땅을 매입하고 나서 분양을 했는지, 만약의 사태에 대비해 주택보증은 받았는지, 이전 사업실적이 신뢰할 수 있는 수준인지, 건축 인·허가는 완료했는지를 사전에 면밀히 체크해야 한다.

공동주택은 시공사의 브랜드가 붙는다. 아무래도 대우, 삼성, GS처럼 브랜드 가치를 인정받는 시공사가 좋다. 이들 회사는 어느 시행사와도 거래하지 않는다. 이는 시행사의 재무 안정성을 역설적으로 입증한다.

분양면적의 전용률을 반드시 체크한다

오피스텔의 분양면적은 아파트와 다르다. 아파트 분양면적은 전용면적과 공용면적을 합한 것이지만, 오피스텔은 여기에 주차면적을 더해 계산한다. 그래서 대부분의 오피스텔 전용률은 60% 미만이다. 전용률은 높을수록 좋다. 분양면적이 동일해도 전용률이 높으면 그만큼 활용할 수 있는 면적이 늘어나서 쾌적하다.

주변시세를 확인한다

임대주택은 지역 내에 임대인과 임차인 간 교집합을 이루는 임대가가 있다. 아무리 최신 건물에 훌륭한 시설을 갖추었다고 해도 주변 시세에 비해 무리한 가격을 받기는 어렵다. 오피스텔 임대가는 주변의 원룸, 고시텔 등 다른 형태의 스튜디오 주택 임대가와 형평성을 맞추어야 한다.

아무도 말하지 않는 도시형 생활주택의 비밀

뉴타운 재개발로 멸실주택이 증가하고 이에 따라 전세난이 심각해지면서 국토해양부는 도심 내 1~2인 거주 서민주택의 공급 확대를 목적으로 건축기준을 완화하는 정책을 용인했다. 그 결과로 세상에 나온 것이 도시형 생활주택이다.

도시형 생활주택은 넓은 의미에서 한국형 스튜디오 주택이라고 할 수 있지만, 지금까지 살펴본 오피스텔, 고시텔 등과는 차이점이 크다. 도시형 생활주택은 1세대 기준으로 전용면적이 85㎡ 이하인 소형주택을 20세대 이상 149세대 이하로 건축하는 공동주택이라고 정의할 수 있으며, 3가지 유형으로 구분하여 관련 법규 적용에 차이를 두고 있다. 〈4-4〉의 내용은 3가지 서로 다른 유형의 도시형 생활주택을 비교한 것이다.

도시형 생활주택은 건축 인·허가, 사용검사, 분양에 이르기까지 완화

〈4-4〉 도시형 생활주택의 3가지 유형별 비교

구 분	건축물 분류	세대 수	전용면적	주차대수
기숙사형 주택	건축법으로 공동주택	20~149세대	7~30m²	65m²당 1대
원룸 주택	건축법으로 공동주택	20~149세대	12~50m²	60m²당 1대
단지형 다세대	건축법으로 다세대 주택	20~149세대	85m²	30m² 0.5당 1대 60m² 0.8당 1대

된 건축 관련법을 적용 받는다. 같은 공동주택이지만 상대적으로 적은 가구를 분양하는 도시형 생활주택은 주차면적을 완화한 기준이 적용되면서 사업성이 크게 개선되었다. 2000대 초반 이후 주차장법이 강화되면서 신축 소형 주택의 공급이 거의 끊기다시피 했는데, 관련법이 완화되고 소형 주택의 수요가 급증함에 따라 경제성이 개선되었다.

도시형 생활주택은 1~2인 가구를 대상으로 임대하는 것을 목적으로 건축한다. 따라서 기존 다가구 원룸, 오피스텔, 고시원 등과 경제성을 비교할 수밖에 없다. 이들 주택과 마찬가지로 도시형 생활주택은 넓은 범위에서 한국형 스튜디오 주택이다. 그러나 세부적으로 들어가면 관련법이나 투자 형태가 많이 다르다. 투자자는 이 점을 잘 고려해 기회비용을 계산해보아야 한다.

독신가구가 주 수요층인 도시형 생활주택 원룸은 기존 다가구 원룸에 비해 임대료가 높은 편이다. 그러나 주로 역세권에 위치해 있어서 이동이 편리하고, 출입구 보안장치, CCTV, 엘리베이터 등이 설치되어 있어서 여

〈4-5〉 도시형 생활주택과 준 주택의 비교

구 분	도시형 생활주택	준 주택
주택형태	기숙사, 원룸, 단지형 다세대 주택	오피스텔, 고시원, 노인 복지시설
관련법	주택법	건축법
건물용도	공동주택	업무시설, 근린시설
등기구분	구분등기	지분등기(오피스텔은 구분등기)

성이 안전하게 주거할 수 있다는 장점이 있다. 도시형 생활주택 중 $84m^2$ 이하의 연립형, 다세대형은 동거인 2인 이상의 가구를 대상으로 하기 때문에 독신가구가 거주하기에는 임대료가 높다.

다중주택 투자는 어떻게 해야 할까

다중주택은 단독주택의 하나로 독립된 주거형태는 아니다. 단독주택을 굳이 분류하면 순수 단독주택, 다중주택, 다가구 주택, 공관 등으로 구분할 수 있다. 이 중 다중주택은 여러 사람이 장기간 거주하는 공간으로 각각 독립된 주거의 형태를 갖추지 않은 곳을 말한다. 각 방마다 욕실이 설치되어 있더라도 취사시설은 설치되지 않은 것이 다중주택의 특징이다. 건축법 상의 구분이 아니라면 소방법의 규제를 받는 고시원도 다중주택과 매우 흡사한 주거 형태다. 요즘 고시원은 구조가 진화되어 방마다 욕실이 있고 취사만 공동으로 해결하는 구조로 되어 있기 때문이다.

투자자 입장에서 다중주택이 의미 있는 것은 다가구 주택을 통째로 매입해 원룸 임대사업을 하는 경우, 건축면적과 비례해 일정 대수의 주차공간이 확보되어야 하지만, 다중주택은 이러한 규제를 피할 수 있고 투자금도 상대적으로 낮다는 이점이 있기 때문이다.

전국 대학가 주요 원룸단지들 중에서 규모가 가장 방대한 곳이 서울대 인근 서림동, 대학동 지역이다. 이곳에는 고시를 준비하는 사람들을 대상으로 하는 전형적인 고시원으로부터 원룸, 다중주택 등 다양한 형태의 주거시설이 망라되어 있다. 이곳이 다른 대학가 원룸촌과 다른 점은 유독 다중주택 형태의 원룸이 많다는 점이다.

대학동, 신림동, 서림동, 산성동 일대는 우리나라에 존재하는 모든 형태의 원룸이 집결해 있는 곳이다. 이곳에는 다가구 원룸 이상으로 다중주택 형태의 원룸 주택도 많다. 다중주택은 구로공단이 위치한 가리봉동에서 생활하던 저임금 노동자들이 집단으로 주거하던 쪽방의 현대판이라고 할 수 있다. 대학동 주변의 다중주택들 중에는 주방이 아예 없는 곳이 많고, 2.5~5평 정도의 방이 건물의 각층마다 다닥다닥 붙어 있는 형태로 이루어져 있다.

〈4-6〉에 사례로 든 다중주택은 주인이 3층 전체를 이용하기 때문에 수익률이 다소 낮다. 이곳과 멀지 않은 대학동에는 고시생들을 대상으로 임대하는 다중주택이 많다. 이곳 대부분의 다중주택에는 주인이 거주하지 않고 지층과 지상 3개 층에 실 평수 3~4평의 원룸이 빼곡히 들어차 있다. 임대 조건은 선 월세를 내는 조건으로 보증금 100~200만 원에 월세는 30~50만 원까지 다양하다. 임대회전률이 100%이고 원룸 30실 정도인 다중주택을 〈4-6〉과 같은 가격으로 매매할 경우, 수익률은 10~15%로 높아진다. 백문불여일견이라고 했다. 직접 이곳의 중개사무소와 접촉

〈4-6〉 서울대입구역 근처 다중주택 투자 사례

1. 투자 정보	
대지	42평
건물	98평, 지상3층(지하1층)
원룸 13개	주인 3층 거주(방3 욕실2)
2. 투자 대비 수익성 분석	
매매가	10억5천만 원
전체 임대 시 보증금	3억2천만원
월세	289만원
실 투자금액	7억3천만 원
투자금 대비 수익률	5~6%

해 시장상황을 파악한다면, 사례로 든 다중주택보다 수익성이 좋은 매물을 찾을 수도 있을 것이다.

 임대인 입장에서는 방 내부에서 취사가 안 되고, 있다고 해도 공동으로 이용하기 때문에 관리하기 용이한 점이 있다. 어찌 보면 다중주택 원룸은 주택의 용도만 다르지 일반 여관과 같다. 방 내부에 생활에 필요한 주거시설이 풀 옵션으로 제공되는 대신 전기요금은 별도로 낸다. 그래도 상가 건물에 전세를 내서 운영하는 고시원보다는 주거여건이 낫고, 취사를 할 수 있는 다가구 원룸에 비해서는 월세가 싸다는 이점 때문에 사람들이 몰리고 있다.

 다중주택의 방 개수는 평균 20~30개 사이다. 대학동 주변은 워낙 번

잡한 곳이라서 주차난으로 인해 다중주택이 많이 생겨났다고 볼 수도 있다. 입주인은 욕실이 딸린 방에 살면서 취사만 공동으로 한다. 다중주택은 공동취사를 하기 때문에 다가구 원룸보다 월세가 싼 대신 방의 크기도 작다. 그리고 무엇보다 입주자 입장에서 좋은 점은 고시원에 비해 방음이 잘 된다는 점이다. 자리에 누우면 옆방 사람이 무얼 하는지 훤히 상상이 될 만큼 방음이 안 되는 곳에 산다는 건 상당히 큰 스트레스다.

경제성만 담보되고 투자 여력이 있다면 주거형태가 투자의 걸림돌이 될 수 없다. 그러나 문제는 항상 돈이다.

에필로그
마음을 비우면 행복해진다

이 책은 내가 처한 입장에서 나를 보고 쓴 책이다. 일찍이 직장을 나와 프리랜서로 살아 왔다. 점점 나이가 들어감에 따라 일은 줄어들고 노후를 대비해 충분한 자산을 축적하지도 않은 내가 그나마 있는 여윳돈으로 어떻게 노후를 준비할 수 있을까 고민하면서 이 책이 기획되었다.

돈만 있다고 노후준비가 다 되는 것도 아니다. 나이가 들어도 일을 계속할 수 있었으면 좋겠고, 죽는 날까지 건강하게 살고 싶은 희망도 있다. '남들은 죽는 날까지 하고 싶은 일들을 적은 버킷리스트를 작성한다는데, 나는 고작 노후준비에 대한 생각이나 하고 있구나.' 하는 생각도 들었다. 그러나 외면하고 싶어도 외면할 수 없는 일이고 그 누구도 나를 대신해 노후준비를 할 수는 없는 일이라는 생각으로 글을 정리했다.

아직 살날이 많이 남았지만 지금까지 오는 동안에도 참 힘든 인생살이였다. 나만 그런가? 경쟁과 속도. 내가 살아 온 세상을 지배하던 키워드다. 이제 속도니 경쟁이니 하는 사람을 옭아매는 가치는 다 내려놓고 편히 세상을 관조하면서 살고 싶다.

최근의 일이다. 오래 다녔던 회사를 타의에 의해서 퇴직한 후, 한동안 마음을 못 잡고 방황하던 입사동기가 다른 일을 찾았다며 연락을 해왔다.

그 친구와는 같이 회사생활을 하는 동안 많이 다투기도 했다. 그런데 오랜만에 만난 그 친구와 나는 이전과 달리 서로 배려하고 걱정하는 사이로 변해 있었다. 젊은 시절, 같은 직장에서 입사동기로 만났지만 인사철이 되면 서로 얼굴을 붉히는 일도 잦았다. 그런 면에서 보면 가까우면서도 거리감이 있을 수밖에 없는 사이였다. 그러나 지금은 만날 때마다 친구의 건강을 먼저 생각하고, 서로의 일을 진심으로 걱정한다.

"그래 그런 거야. 그렇게 늙어가는 게 인생이야."

그러면서 이 친구가 하던 말이 귓가에 생생하다.

"이 나이에 다시 일을 할 수 있는 기회가 주어져서 정말 감사하다."

젊었을 때는 패기 넘쳤던 그였지만 나이가 사람을 변하게 한 것이다. 나이를 먹는다는 건 분명 슬픈 일이지만, 욕심을 내려놓으면 다시 행복이 우리의 일상으로 스며든다. 그를 만나고 돌아오는 길의 창 밖 풍경은 왜 그리도 아름답던지. 나 역시 여전히 이 세상에 존재하고 있고 일을 계속할 수 있다는 사실에 감사하고 있다.

요즘 들어, 나이를 먹는다는 게 좋은 점도 있다는 생각을 하곤 한다. 쓸데없이 많이 지고 있던 인생의 짐을 내려놓으니 오히려 편안해졌다고나

할까? 욕심을 내려놓으면 이렇게 행복할 수 있는데, 지금까지 그러지 못하고 불행을 자초했다는 생각이 든다. 쓸데없이 많이 지고 있는 짐들을 이제는 내려놓고 살아가고 싶다.

재테크 책을 쓰는 사람이 이런 말을 한다는 게 우습지만, 나는 돈 버는 일에 별로 관심이 없다. 우리 분야에서는 친 자본의 이익이 되는 프레임 안에서 글도 쓰고 강의를 해야 대기업이나 금융회사의 강의도 들어온다. 젊은 시절의 나는 성공하는 데 필요하다면 영혼을 파는 일도 서슴지 않았지만, 언제부터인지 그들의 이익을 위한 강의나 글을 쓰는 일이 헛되고 공허하다는 마음이 들어서 그만두었다.

시장에서 약자일 수밖에 없는 일반 대중의 이익을 위해 글을 쓰고 강의하는 일은 돈으로 환산할 수 없는 가치가 있다. 인생살이의 부침을 겪으면서 돈이 필요한 것은 맞지만 절대적인 것은 아니라는 사실을 새삼 깨닫게 된다. 그렇다. 돈은 행복한 삶을 위한 하나의 도구이지, 행복을 가져다주는 절대적인 요소는 아니다.

많은 사람들이 예전보다 살기가 어려워졌다고 말한다. 그러나 인간의 탐욕과 욕심이 지배하는 세상은 역사적으로 어렵지 않은 적이 없었다. 영리한 인간들은 이 문제를 연대의 가치로 해결했다. 사람은 결국 사람에게 위로받고 사람에게 의지해야만 하는 운명을 타고 난 것 같다. 그 고리가 끊어진 사회는 역사적으로 언제나 불행했다. 나는 어려울 시기가 닥칠 때마다, 그 누구도 아닌 다른 사람의 글에서 위로 받고 용기를 얻어 왔다. 최근에는 부산의 한 병원 응급실에서 일하는 의사의 글에서 많은 위로와 감명을 받았다. 사람들은 돈, 직업, 학력, 지역으로 알게 모르게 차별하고 그것을 당연시한다. 그런데 그는 자신과 교류하는 사람들을 조건이 다르다는 이유로 차별하지도 다르게 대우하지 않았다.

  사람은 시간이 지나면 늙고 병들고 죽음에 이르게 된다. 수의에는 주머니가 없다. 돈, 명예, 세속적인 가치는 죽음과 함께 사라지고 사람만 남게 된다. 돈을 이야기 하는 재테크 책에 어울리지 않는 이야기지만, 결국 사람만이 인생에 있어서 최고의 가치라고 말하고 싶다.

부록

소액으로 매입할 수 있는
투자유망지역

　지금부터 소액으로 투자할 수 있는 오피스텔 단지의 지역별 시세와 장단점을 살펴볼 것이다. 소형 오피스텔 단지들을 소개하는 이유는 현재 상황에서 소액으로 노후를 준비하는 사람들에게 그나마 답이 될 수 있는 상품이기 때문이다. 만약 투자를 마음먹고 있다면 머리로만 생각하지 말고 투자 대상 지역을 물색한 다음, 반드시 현장을 방문하여 경제성을 일일이 체크해보기 바란다. 세상에 공짜는 없다. 아무리 평균 임대수익률이 높은 지역이라 할지라도 스스로 부지런하게 집을 관리하고 장기 거주가 가능한 임대인을 찾기 위해 발품을 팔아야 한다. 임대사업의 가장 큰 적인 공실률을 최대한 줄여야 수익률을 최대로 끌어올릴 수 있기 때문이다.

　나는 개인적으로 이 상품으로 소위 대박을 치기는 어렵다고 생각한다. 은행 예금에 비해 상대적으로 수익률이 높은 상품이지, 큰 돈을 버는 상품은 아니기 때문이다. 투자 원금의 50% 이내로 대출해서 한 채를 더 매입하면 수익률을 높일 수는 있다. 마침 부동산 대출금리가 사상 최저 수준이기 때문에 현실적으로 가능하다. 경매에 나온 물건을 싸게 여러 채

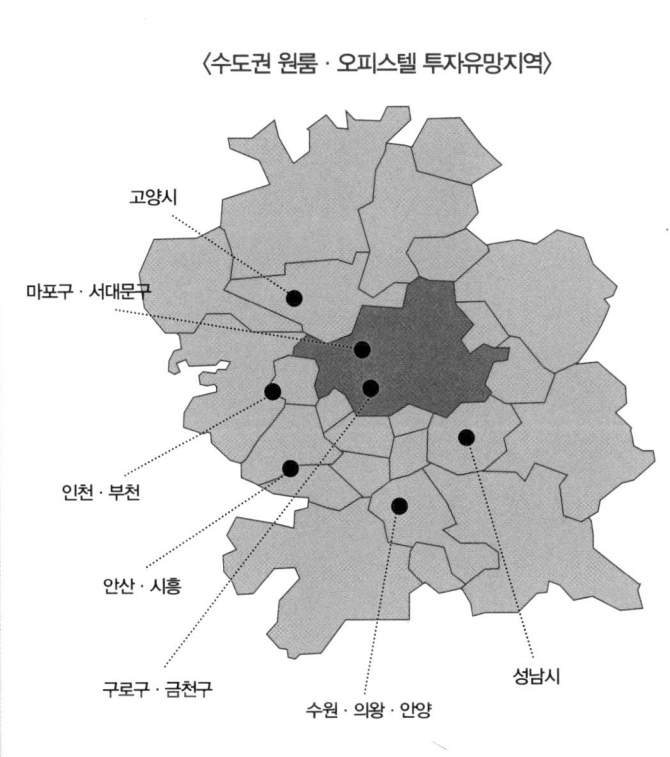

〈수도권 원룸·오피스텔 투자유망지역〉

매입해서 본격적으로 임대사업에 나설 수도 있을 것이다. 그러나 그 이상으로 욕심을 내는 것은 좀 더 신중하게 생각해 볼 문제라는 생각이다. 모든 일이 너무 지나치면 탈이 날 수도 있기 때문이다.

1. 고양시

고양시의 오피스텔 밀집지역은 일산의 장항동·백석동·대화동, 덕양구의 화정동이다. 이 중 오피스텔 최대 밀집지역인 장항동에는 총 32개의 오피스텔 단지가 있다. 평균매매가 대비 A급이라고 할 수 있는 SK엠시티의 $102m^2$는 매매가가 29,000~31,000만 원이고, 전세가는 16,000~17,000만 원에 형성되어 있다. SK엠시티의 최고 평형인 $202m^2$의 매매가는 110,000만 원, 전세가는 45,000~47,000만 원이다.

장항동에 이어 고양시의 오피스텔 밀집지역인 백석동에는 총 20개 단지가 있다. 백석동 오피스텔 단지에는 동문굿모닝타워, 대방샤인밸리 등의 저가 오피스텔과 브라운스톤, 우림보보카운티, 비잔티움일산 등의 고가 오피스텔이 함께 위치하고 있다.

백석동의 오피스텔은 크기가 작은 것부터 큰 것까지 다양한데, 단지 내 정원이 있는 브라운스톤의 경우에는 $60m^2$가 13,000~14,000만 원, $119m^2$가 26,000~27,000만 원, $129m^2$가 28,000~29,000만 원, $142m^2$가 34,000~35,000만 원에 매매가가 형성되어 있다. 브라운스톤은 백석동의 다른 오피스텔 단지에 비해 $3.3m^2$당 매매가와 임대가가 높다. 그 이유는 전용률이 70% 내외로 다른 오피스텔의 전용률 50%에 비해 상대적으로 높기 때문이다.

고양시내 오피스텔은 공급면적 기준 $3.3m^2$ 당 500~800만 원에 매매가가 형성되어 있다. 매매가에 차이가 있는 이유는 건축연도, 전용률, 내부시설에 차이가 있기 때문이다. 브라운스톤의 경우, 백석동 지역 내의 대방샤인밸리, 동문굿모닝힐 등에 비해 평당 매매가 및 임대가가 20% 이상 높다. 이는 실제로 가서 확인해보면 답이 금방 나온다. 생활시설이 훨씬 낮고 전용률도 높기 때문이다.

고양시내 오피스텔은 최근 3년 동안 대부분 매매가가 상승했다. 반면 임대가 상승은 그에 미치지 못하고 있어서 수익성이 예전만 못하다. 오피스텔, 도시형 생활주택, 다가구 신축물량이 증가하면서 향후 전망이 밝다고는 할 수 없다. 현재 수익률은 연간 6~8% 정도인데, 은행 정기예금 수익률과 비교해 2배 이상의 수익은 가능하다고 볼 수 있다. 최근에는 매매가 상승세가 둔화되고 있어서 매매 차익을 얻기에는 어려움이 있다.

이곳의 주 수요층은 고양시와 인근 공장에서 일하는 근로자, 학생, 유

고양시 오피스텔 단지 SWOT 분석

S 강점	W 약점
- 인천 청라지구, 원당, 검단, 김포, 파주를 포함하여 200만 인구의 서울 서북권 중심지역 - 풍부하고 다양한 가격대의 매물 - 도시 인프라, 쾌적한 환경	- 단기간 공급 과잉 - 전반적인 내수 경기 부진으로 인한 청년 고용 인구 감소로 잠재 수요층 저변 약화
O 기회	T 위기
- 제2자유로, 경의선 복선화로 서울 접근성이 더욱 좋아짐 - 서북권 문화 중심지로 성장 - 배후 도시인 파주시의 LCD 클러스터 확대 - 서영대·두원공대 등의 이전으로 젊은 유동 인구 지속적 증가	- 유흥업 종사자 수요층은 안정적 임대의 장애요인 - 지역 내 소규모 택지 개발지구의 계속된 개발과 파주, 원흥, 삼송의 개발로 원룸 주택 공급물량이 크게 증가 - 주 수요층의 소득감소로 중형 오피스텔의 안정적 임대가 위협받고 있음

흥업 종사자들이다. 이들 계층은 소득이 많은 편이 아니기 때문에 임대회전률을 지속적으로 높이기 위해서는 월세가 60만 원을 넘는 매물은 가급적 피하는 것이 좋다. 임차인 입장에서는 월세 60만 원에 관리비 20만원, 식비까지 포함하면 최소 거주비용으로만 90만 원 이상이 들어가는 꼴이기 때문이다.

일산은 분당과 함께 1기 신도시를 대표하는 지역이다. 여타 신도시와 비교해 자연녹지를 비롯한 도시 인프라가 잘 갖춰져 있고, 젊은 유동인구가 많다. 수도권 신도시 중에서는 일산의 대화동, 장항동, 백석동에 단기간 동안 가장 많은 오피스텔이 공급되었다. 뿐만 아니라 고양시의 또 다른 택지지구인 화정동과 행신동에도 많은 오피스텔들이 자리 잡고 있다. 이 지역 오피스텔은 대부분 건축연령 10년 이하로, 보수와 하자수리 등에 드는 비용이 상대적으로 적고 관리가 용이하다.

2000년대 초반, 일산에 오피스텔이 대규모로 공급되면서 2006년 초기까지 가격이 하락하는 현상이 나타났다. 그러나 부동산 버블이 붕괴되기 시작하던 시점부터 경제성이 나아지기 시작했고, 2009년 말 이후에는 임대가가 상승하고 임대회전률이 100%에 가까워졌다. 현재 이 곳은 배후에 파주 운정신도시 개발이 완료되면서 원룸주택 신규 물량이 크게 늘었다. 최근에 지어진 이 지역 원룸단지들은 오피스텔 이상의 편의시설을 갖추었음에도 임대가가 더 낮다. 신규 투자자에게는 여건이 다소 불리해진 상황이다.

주거용 오피스텔은 평수가 커질수록 임대 수요가 줄어드는 경향이 있다. 오피스텔 주변 중개사무소에 문의한 결과, 임대회전률이 2~3년 전에 비해 많이 떨어진 상태라고 한다. 따라서 되도록이면 수익률 이전에 임대회전률에서 경쟁력이 있는 소액 물건에 더 관심을 두어야 한다.

흔히 오피스텔 투자는 시세 차익보다 임대수익률을 얻는 데 목적을 두어야 한다고 말한다. 그러나 최근 3~4년간 이 지역의 오피스텔 가격은 꾸준히 상승했다. 매매가 상승은 임대수익을 떨어뜨린다. 월세를 올려 받기 어려운 상황에서 매매가가 상승하면 투자금 대비 수익성이 떨어진다. 그러나 발품을 팔아 경제성 있는 물건을 찾아 나서면 아직도 평균수익률 6~7%를 넘어 10%까지 가능한 물건을 만날 수 있다.

일산 지역은 도시가 건설된 지 20년이 지나면서 인프라가 성숙되어 있으며, 소비생활 측면에서는 거의 완벽한 자족도시가 되었다. 인근 파주시에는 LG전자 중심의 대규모 클러스터가 형성되어 있고, 외주 기업에 근무하는 독신 직원도 크게 늘었다. 여기에 파주에 서영대와 두원공대 파주캠퍼스가 있고, 동국대 의대가 이전 예정이며, 중부대 고양캠퍼스가 개교하는 등 학생 수요도 꾸준하다. 제2자유로와 경의선 복선전철 완공으로 기존 지하철 3호선과 함께 서울 접근성도 상당히 좋아졌다.

서울 서북 지역인 마포, 신촌 일대의 비싼 집값으로 인해 일산으로 이동하는 경향도 커졌다. 바람직한 현상은 아니지만 일산과 화정동은 서울 서북부 지역을 대표하는 유흥가로도 각광받고 있다. 이로 인한 유흥업 종사자들의 잠재 수요가 꽤 넓은 수요층을 형성하고 있다. 최근 이 지역 부동산중개사무소들이 오피스텔과 원룸 거래로 먹고 산다고 할 정도로 거래가 활발하다.

일산에는 소형에서 대형까지, 1억 원 이하에서 10억 원대에 이르기까지 다양한 옵션의 오피스텔이 존재한다. 물론 거의 대부분은 중소형이기 때문에 1억 원 이하로 투자할 수 있다.

2. 성남시

성남시는 수도권에서 오피스텔이 가장 많이 공급된 지역 중 하나다. 성남시의 오피스텔 분포는 구시가지의 소형 오피스텔부터 정자동의 고급 오피스텔까지 가격과 평형이 매우 다양하다. 성남시에서 오피스텔이 가

성남시 오피스텔 단지 SWOT 분석

S 강점	W 약점
- 강남 접근성이 뛰어남 - 지역 내 대학생 수요 풍부 - 판교, 분당, 성남 구도심, 광교로 이어지는 테크노밸리 - 도시 인프라가 잘 구축되어 있고 쾌적함	- 여타 수도권 신도시에 비해 매매가가 높아서 수익성 확장에 한계가 있음
O 기회	T 위기
- 전세난으로 인한 대체수요 증가 - 중소형 아파트의 공급 감소 - 신분당선 연장구간 확대로 교통 여건이 획기적으로 개선됨	- 판교신도시, 광교신도시 개발로 인근 지역 신축 임대 물량이 크게 증가함

장 밀집해 있는 지역은 성남 구도심과 떨어진 분당이다. 현재 분당에는 구미동에 8개, 금곡동에 8개, 서현동에 10개, 수내동에 11개, 야탑동에 14개, 정자동에 7개 단지가 있다. 구시가지에는 신흥동, 수진동, 성남동에 10여 개의 오피스텔 단지가 있다.

성남시에는 1990년대에 야탑동, 구미동에 지어진 오피스텔을 제외하면 $3.3m^2$당 700만 원 이하 매물이 거의 없다. 분당의 오피스텔 매매가는 대부분 700~900만 원대에 형성되어 있다. 분당 오피스텔 하면 정자동 주상복합단지를 연상하고 무조건 비싸다는 생각을 많이 하는데, 반드시 그렇지만은 않다.

미금동, 구미동, 야탑동의 건축연령 10년 이상 된 오피스텔은 1억 원 이하의 돈으로도 살 수 있는 매물이 있다. 구미동의 시그마Ⅱ, LG트윈스, 현대벤처빌 등 하루만 돌아보면 싸고 수익성 높은 매물을 찾아낼 수 있다. 분당의 오피스텔은 평형에 따라 수익률 편차가 큰데, 1억 원 대 소형($70m^2$) 오피스텔의 수익률은 6~8%선이다.

성남시는 구시가지인 중원구, 수정구와 분당과 판교가 속한 신시가지의 주거환경, 평균소득, 교육인프라, 생활편의시설 등의 차이가 매우 크다. 이는 구시가지의 모란역 주변과 분당의 야탑역 주변을 비교해 보면 쉽게 이해할 수 있다. 모란역 주변은 모란시장 주변으로 모여드는 상인들과 일용직 근로자들이 대규모로 숙식을 해결하는 곳이다. 이곳에는 시골 장날처럼 유동인구도 많고 사람 냄새가 철철 넘치지만 도시의 세련된 모습을 기대하기는 어렵다. 반면 전철역 한 정거장 차이인 야탑동에 들어서면 인프라가 잘 갖춰져 있고 현대적인 면모를 갖춘 분당 신도시의 모습이 펼쳐진다.

투자의 가치로 볼 때 성남 구시가지는 노후함과 관계없이 경제성이 매우 높다. 모란역, 수진역, 태평역, 신흥역을 중심으로 수도권 남동부 최고의 인력시장이 형성되어 있기 때문이다. 수도권 신도시 중 일산과 더불어 단 시간에 가장 많은 오피스텔이 들어와 있는 분당은 일산과 비교해 매매가가 높다. 매매가가 높다는 것은 수익률에 있어서는 악재다. 오피스텔 투자는 지역을 불문하고 매매가와 수익률이 대체로 반비례하는 경향이 있기 때문이다.

3. 서울 강남구

강남은 지속적으로 젊은 유동층 인구가 늘고 있는 대표적인 지역이다. 2000년대 초반만 해도 동네 골목에 불과하던 신사동 가로수길은 명품매장과 카페, 술집들이 들어찬 핫플레이스가 되었다. 어디 이곳뿐인가? 강남역, 청담동, 압구정 로데오거리, 코엑스몰 등 강남의 주요 상권은 어디를 가나 젊은이들로 만원이다. 이런 흐름이 반영되어 이곳에 다가구 원룸, 도시형 생활주택, 주거용 오피스텔 등이 계속 생겨나고 있다.

강남구는 꽤 넓은 지역에 걸쳐 오피스텔 단지가 분포하고 있다. 그러나 전반적으로 타 지역보다 매매가가 높고 임대가 역시 고액이어서 임대 수요층이 넓지는 않다. 그러나 강남이라는 특성상, 타 지역보다 높은 임대가를 지불할 수 있는 고객층은 넓은 편이다.

강남구 오피스텔 단지 중에서 교통이 좋고 매물이 풍부한 곳이 논현동, 역삼동 지역이다. 현재 논현동에 12개, 역삼동에 42개의 오피스텔 단지가 있다. 강남구 오피스텔은 논현동의 거평타운 등 지어진지 20년 이상 된 오피스텔을 제외하면 $3.3m^2$당 1,000만 원대 이하의 매물이 거의 없으며, 도곡동이나 대치동에 소재한 대형 오피스텔은 $3.3m^2$당 2,500만 원이 넘는다. 그러나 강남에는 고소득자가 많이 거주하기 때문에 이 같은 물건도 수요자 찾기가 어렵지만은 않다.

강남구에서 중소형 오피스텔이 집중돼 있는 논현동과 역삼동은 강남구청역, 논현역, 학동역, 역삼역, 선릉역, 강남역을 중심으로 단지가 형성되

서울 강남구 오피스텔 단지 SWOT 분석

S 강점	W 약점
- 법인회사 밀집지역 - 높은 월세 수요자가 풍부 - 사통팔달의 교통 - 국내 최고의 쇼핑시설 - 강남 유입 인구의 급증 - 전세대란 핵심지역	- 유흥지역으로 임대수요 불안정 - 평당 매매가가 높아서 수익률에 한계가 있음
O 기회	T 위기
- 전세대란으로 인한 오피스텔 가치 상승 - 젊은 유동인구의 지속적인 증가	- 높은 임대료로 인한 관내 직장인의 인근 지역 유출

어 있기 때문에 역세권이 아닌 곳이 없다. 강남구에는 우리나라에서 단일 지역으로 법인회사가 가장 많이 분포하고 있다. 당연히 임대수요층이 풍부하고 타 지역보다 고소득자들이 많다.

강남은 오피스텔뿐만 아니라, 원룸·고시텔의 임대료도 가장 비싼 곳이다. 강남 3구를 일컬어 전국구 부동산이라고 부르는데, 그만큼 경제적 가치가 높은 지역이기 때문이다. 강남 3구 중에서도 강남구는 오피스텔, 원룸, 고시텔 등 스튜디오 주택이 가장 많이 몰려 있다.

강남의 오피스텔, 원룸이라고 해서 다른 곳보다 특별히 시설이 좋지는 않다. 가격이 비싼 이유는 높은 땅값이 반영되어 있기 때문이다. 임대 수익을 노리는 사람에게 오피스텔이 럭셔리하면 뭐하고 강남에 있으면 뭐하겠는가? 강남구 오피스텔 투자수익률은 4~5%대다. 수도권 전체에서 수익성 면에서는 꼴등이다.

강남구는 젊은 유동인구와 고소득층이 밀집해 있는 곳이다. 문제는 매매가 대비 임대수익률이 서울시내 주요 오피스텔 단지와 비교해 가장 다른 점이다. 이는 구조적인 것으로 단기간에 해결될 수 없다. 강남구 내에서는 소형 오피스텔이라 할지라도 월세가 대부분 80만 원이 넘는다. 월소득 300만 원 이상인 독신가구가 가장 많은 지역이지만, 이런 월세를 내고 살 수 있는 사람은 제한적일 수밖에 없다. 실제로 강남 오피스텔의 임차인은 유흥업 종사자들이 많다. 이들은 직업적 특성상 소득이 일정치 않고 주거이동도 심하다. 이 점을 감안하면 임대수요가 안정적이지는 않다. 월세가 아무리 높아도 공실 발생일수가 많으면 전체적인 수익성은 낮아질 수밖에 없다.

4. 서울 구로구 · 금천구

서울 남부권의 구로구, 금천구는 과거 구로공단이 위치해 있던 지역으로, 거주하기에는 다소 부정적인 이미지가 있는 지역이었다. 그러나 구로공단이 사라지고 가산디지털단지가 들어서면서 IT중심지, 20~30대 젊은이들이 모이는 곳으로 재조명되고 있다. 현재 금천구 가산동 3개, 구로구 구로동 33개, 가리봉동 2개, 오류동 7개의 오피스텔 단지가 자리 잡고 있다.

서울 남부권의 상징이었던 구로공단이 사라지고 가산디지털단지가 들어서면서, 이곳은 공장지대의 우중충한 모습에서 IT중심지의 밝고 환한 모습으로 거듭나고 있다. IT기업에 근무하는 젊은층이 몰려들면서 구로

서울 구로구 · 금천구 오피스텔 단지 SWOT 분석

S 강점	W 약점
- 독신 근로자 밀집지역 - 가산디지털단지 수요층 단단 - 수요에 비해 공급 부족 - 서울 남부권의 교통요지	- 구로공단의 이미지가 남아 있음 - 서울 도심 접근성이 떨어짐
O 기회	T 위기
- IT산업단지 내 젊은 유동층 인구의 급증	- 외국인 노동자가 많이 거주하는 지역으로 범죄로부터 취약함 - 자연녹지, 생활편의시설이 다른 지역에 비해 부족함

동에만 33개의 오피스텔이 있을 정도로 서울 남부권 최대의 오피스텔 단지가 되었다.

구로구 오류동, 구로동에는 신축 오피스텔과 오래된 오피스텔이 뒤섞여 있다. 가격대도 다양하다. $3.3m^2$당 300만 원대 매물로부터 SK허브수와 같은 800만 원대 오피스텔도 있다. 소형이고 건축연한이 오래된 오피스텔의 수익률은 8~10%에 이른다.

서울 남부권은 경기 서북권, 서남권으로 가는 교통의 요지다. 그러나 서울의 행정·상업중심지인 종로와 강남권 접근성은 떨어지는 편이다. 서울 남부권은 서울 시내에서 외국인 노동자들이 가장 많이 거주하는 지역으로, 범죄에 쉽게 노출될 수 있다는 우려로부터 자유롭지 않다. 구로동에만 33개의 오피스텔 단지가 있을 정도로 오피스텔 밀집지역이라고 할 수 있는데, 단일 지역에 과도하게 집중되면 공급과 수요의 불일치로 인해 수익성이 악화될 수 있다. 구로동 오피스텔은 대학가가 아니라서 비수기가 거의 없고 안정적인 임대회전률을 보인다. 오피스텔 매매가도 매우 낮아 최저 5,000~6,000만 원으로 투자할 수 있는 매물이 많은 것이 이 지역의 장점이라고 할 수 있다.

5. 서울 마포구·서대문구

서울 마포구 소재 오피스텔은 노고산동에 7개, 신공덕동에 2개, 서교동에 7개, 도화동에 7개, 성산동에 9개 단지가 있다. 마포는 서울의 과거·

현재 · 미래를 한 눈에 볼 수 있는 곳이다. 마포구에는 미래형 도시인 상암디지털단지와 함께 낡고 협소한 구시가지가 혼재되어 있다. 젊은이들의 문화 메카로 떠오른 홍대거리가 있으며, 신촌 · 서교동 · 동교동 일대에는 연세대 · 이화여대 · 서강대 · 홍익대 · 경기대 · 추계예술대 등의 대학캠퍼스가 밀집해 있다.

마포 어디에서나 대중교통을 이용해 서울시청까지 30분 이내에 갈 수 있고 한강에 접해 있어서 강남권 접근도 용이한 편이다. 마포 · 신촌 · 서교동 · 도화동에는 젊은 직장인과 학생들이 많고 유동인구도 풍부하다. 이러한 특성 때문에 오피스텔의 매매가와 임대료가 높은 편인데, 오피스텔의 특성상 높은 임대료를 지불할 수 있는 수요층이 제한적이기 때문에 투자금 대비 경제성은 좋지 않은 편이다. 마포구의 오피스텔 단지들은 공

서울 마포구 · 서대문구 오피스텔 단지 SWOT 분석

S 강점	W 약점
- 사통팔달의 교통 - 서울 최대의 대학가 밀집지역 - 20~30대 유동인구가 많다	- 구시가지의 경우, 주거쾌적성이 크게 떨어짐 - 주 수요층이 직장인과 대학생인데, 이들이 부담하기에는 임대료가 너무 높음
O 기회	T 위기
- 합정동, 상암동 개발로 도시 인프라 발전 가능성이 높다	- 높은 임대가로 인해 고양시로의 인구이동이 증가 - 유흥가가 집중되어 있는 홍대 주변은 주거환경이 떨어짐

급이 수요를 못 쫓아가는 형편이기 때문에 투자금 대비 수익성이 강남보다는 앞선다. 그러나 서울의 강북권, 남부권을 비롯한 수도권 오피스텔에 비해서는 수익성이 낮은 편이다.

도화동, 성산동 일대 신축 오피스텔은 $3.3m^2$당 900~1,100만 원대에 매매 시세가 형성되어 있으며, 건축한지 10년이 넘은 $3.3m^2$당 600만 원대의 소형 오피스텔도 있지만 그 수가 많지는 않다. 마포지역 내 소형 오피스텔 투자는 $3.3m^2$당 800만 원대 매물이 가장 많다. $3.3m^2$당 800만 원대 오피스텔 투자는 소형일 경우 연 수익률이 5~7% 정도다.

이 지역은 도심 접근성이 매우 뛰어나고 대학가가 집중되어 있어서 잠재 수요가 풍부한 대표적인 지역이다. 그러나 이 지역의 주 수요층이 20~30대 초반 대학생과 직장인이어서 이들이 부담할 수 있는 월세 상한선을 크게 웃돈다는 점이 문제다. 실제 이곳은 서울의 핵심지역으로 평가되는 강남구, 종로구 소재 오피스텔 다음으로 매매가가 높은 곳이다. 높은 매매가는 투자금 대비 수익성이 낮다는 것을 의미하는 것으로, 투자의 경제성 측면에서는 그리 효율적이지 않다.

6. 경기도 수원시 · 의왕시 · 안양시

경기 남부권 중심도시인 수원시 · 의왕시 · 안양시의 오피스텔은 수원시 영통동, 인계동과 안양시 관양동 등에 단지가 형성되어 있는데, 현재 수원시 영통동에 8개, 인계동에 17개, 안양시 관양동에 16개의 오피스텔 단지가 있다.

수원시 영통동, 인계동과 안양시 관양동은 안산시 고잔동만큼이나 오피스텔 단지가 많은 곳이다. 수요층의 면면도 다양하다. 수원시 인계동에는 주변 유흥가 종사자들이 많고, 영통동과 안양시 관양동에는 인근 대학생과 직장인들이 많다. 수요층의 면면이 다양한 것처럼 오피스텔 매매가도 폭이 상당히 크다.

지역 내에 경희대, 아주대가 있는 영통동은 학생들을 대상으로 하는 저렴한 물건이 많고, 안양시 관양동에는 강남 소재 직장인들이 많아서 임대료가 상대적으로 높다. 이 지역의 오피스텔은 3.3m^2당 400만 원에서 700만 원까지 매물이 다양하다. 수익률은 6~8%대다.

안양시는 인구 50만 이상의 경기도 7대 도시 중 하나다. 그러나 도시의 거의 대부분을 차지하고 있는 구도심 재개발 사업의 지연으로 획기적인

경기도 수원시·의왕시·안양시 오피스텔 단지 SWOT 분석

S 강점 - 수도권 남부 최대 인구 밀집지역 - 대학캠퍼스 밀집 지역 - 수도권 남부의 교통중심지 - 강남 접근성 탁월	W 약점 - 구도심 재개발 지연으로 도시 인프라 취약 - 지역 내 산업시설 부재로 잠재 수요층 한계
O 기회 　안양 구도심 재개발 효과 기대	T 위기 - 관양동은 단기간 공급 과잉으로 인한 수요 불안 가능성 존재

도시환경 개선은 당분간 어렵다. 안양시의 오피스텔 단지는 평촌신도시 관양동에 집중되어 있는 관계로 수급의 불안전성이 존재한다. 수원시 영통동, 인계동은 대학생, 유흥업 종사자 등 잠재 수요가 풍부하고 저가 매물이 상대적으로 많은 곳이다. 수천만 원으로 투자할 수 있는 몇 안 되는 지역이기도 하다.

7. 경기도 안산시 · 시흥시

경기 서남권의 안산, 시흥은 저가 매물이 많은 지역으로, 투자금 대비 수익률도 이곳이 으뜸이다. 경기 서남권의 오피스텔 단지는 안산시 고잔동, 시흥시 정왕동이 중심이다. 현재 안산시 고잔동에 19개, 시흥시 정왕동에 7개의 오피스텔 단지가 있다.

수도권 주요 오피스텔 단지의 매매가, 임대가를 조사하면서 매우 흥미로운 사실을 알게 되었다. 사전에 짐작은 하고 있었지만, 현실과 너무도 정확히 맞아떨어져서 흥미를 갖지 않을 수 없었다. 오피스텔은 매매가와 수익률이 반비례한다는 점이 바로 그것이다.

수도권 오피스텔 단지 중 3.3m²당 매매가가 가장 높은 5개 지역은 ①강남구 ②종로구 ③여의도 ④분당구 정자동 ⑤마포구 도화동 · 성산동 순이었다. 그런데 이 지역들은 수익률 순위에는 다 빠져 있었다. 투자금 대비 수익률 순위는 ①시흥 · 안산 ②노원구 상계동 ③수원시 영통동 ④부천시 중동 ⑤일산구 백석동 순이었다. 참고로 서울 지역 최근 6개월 임대수

경기도 안산시 · 시흥시 오피스텔 단지 SWOT 분석	
S 강점 - 수도권 최대 공장 밀집지역 - 투자금 대비 최고 수익률 지역	W 약점 - 수도권 남부 최대 공장 지대인 반월 · 시흥공단으로 인한 상습 공해유발지역 - 수도권 서남부 끝에 위치해 교통 연계망이 부족함
O 기회 - 서울대 시흥캠퍼스 신축으로 대학생, 교직원 수요 확대가 예상됨	T 위기 - 외국인 노동자 최대 거주지역으로 사회 안전망 취약 - 서울 중심으로의 접근성이 떨어짐

익률은 ①은평구 ②성북구 ③동대문구 ④강북구 ⑤금천구 순으로 높은 편이었다.

이 결과를 어떻게 해석해야 할까? 무엇보다 임대가가 높을수록 임대 수요층이 얇다는 것이 스튜디오 주택의 특징이다. 월세와 관리비로 100만 원 이상을 지출할 수 있는 독신가구는 사실상 많지가 않다. 가장 넓게 분포하는 수요층이 30~50만 원대다. 이들을 대상으로 임대사업을 한다고 가정할 때, 매매가가 높을수록 임대수익률은 떨어진다. 강남이 좋은 줄 모르는 사람은 없지만, 사업지로는 적합하지 않은 이유다.

안산시 고잔동, 시흥시 정왕동 오피스텔은 3.3m^2당 400~500만 원 초반 대에 매물이 집중되어 있다. 공급면적 90m^2가 1억 원을 살짝 넘는다. 강남이라면 이 정도 물건은 35,000~40,000만 원이다. 같은 공급면적의 가격이 3~4배 차이가 난다. 강남의 경우 90m² 물건의 임대조건이 보증금 1,000만 원에 월세 110~120만 원 선이다. 반면 안산의 경우 90m²의 물건이 보증금 500에 월세 60~65만 원 선이다. 관리비와 세금을 제외하고 표면수익률로 따졌을 때, 안산시 고잔동 오피스텔의 수익률은 강남의 2배 이상이다.

안산, 시흥에는 4,000~8,000만 원대 물건이 매우 많다. 1,000~2,000만 원 정도의 대출을 포함한다고 가정했을 때 3,000만 원만 있으면 투자할 수 있는 매물이 많다. 이 지역의 임대수익률은 7~11% 정도다.

8. 인천시 · 부천시

수도권 서북권의 대표 도시인 인천시 · 부천시의 오피스텔 밀집지역은 부천시 중동 · 상동과 인천시 부평동 · 연수동 · 구월동이다. 현재 이 지역에는 중동 26개, 상동 21개, 부평동 11개, 연수동 5개, 구월동 8개의 오피스텔 단지가 있다.

부천과 인천은 인구 수에서 3배 정도 차이가 난다. 부천은 수원시, 성남시, 안산시, 고양시, 안양시, 용인시와 함께 경기도 7대 도시 중 하나지만, 광역시인 인천에 비해서는 인구 수가 크게 못 미친다. 그러나 오피스텔 단지 규모는 인천을 압도한다. 그 중심은 부천의 중동, 상동신도시다. 이곳에는 각각 26개, 21개의 오피스텔 단지가 있는데, 인천의 오피스텔 단지인 부평동 11개, 구월동 8개를 압도하는 수치다.

인천시 · 부천시 오피스텔 단지 SWOT 분석

S 강점	W 약점
- 공급량이 수요량을 따라 오지 못해서 임대 수요가 풍부함	- 취약한 교통연계망 - 환경, 자연녹지, 쾌적성이 떨어짐
O 기회	T 위기
- 인천 서북권 개발로 대학생, 젊은 직장인 등의 독신가구 유입 증가	- 인천과 서울 중심권으로의 이동이 다소 불편함

중동과 상동의 오피스텔 단지는 고양시 일산, 화정지구의 매매가, 임대가와 거의 같은 흐름을 보이고 있다. 인천 주요 지역의 오피스텔 매매가와 임대가도 마찬가지다. 중동과 상동의 오피스텔은 단지 규모가 매우 크고 저 평수, 저 가격대로 구성되어 있다. 5,000만 원~1억 원이면 40~70m^2의 다양한 오피스텔에 투자할 수 있다.

9. 수도권 이외 지역

독신가구를 대상으로 하는 임대주택은 대상에 관계없이 매매가와 임대가가 낮은 편이다. 경제성은 물건에 따라 다르기 때문에 어느 지역 물건이 절대 우위에 있다고 말하기는 어렵다. 대전 이남 지역은 실 평수 5~8평 정도 원룸의 월세가 수도권의 절반 수준이다. 생활에 필요한 도구들이 완벽하게 갖추어져 있고, 월세는 수도권의 절반에 불과한 원룸들이 지천으로 깔려 있기 때문에 상대적으로 임대료가 높은 오피스텔 수요층은 적다. 이 지역에는 주거용 오피스텔을 대체하는 풀옵션의 다가구 원룸이 많이 공급되어 있다.

대전·대구·광주와 같은 광역시에서 고시원을 발견하기는 무척 어려운데, 그 이유 역시 다가구를 집합건물화하여 옵션을 모두 갖춘 원룸으로 저렴하게 임대하는 경우가 많기 때문이다. 대전에서 가장 많은 원룸 임대주택이 몰려 있는 한남대 주변의 용전동과 홍도동, 대전대가 있는 용운동의 원룸촌은 신축의 경우에도 월 임대료 40만 원이 넘는 곳이 거의 없다. 시설이나 빌트인 옵션, 방의 크기 등이 동일할 경우, 수도권이라면 월세로 두 배 이상을 치러야 한다. 대구권에서 가장 많은 원룸이 공급되어 있는 영남대 주변의 원룸 임대주택도 대전권과 거의 비슷한 수준이다.

한편, 중앙대 안성캠퍼스 후문 내리 지역의 주거용 오피스텔 단지들은 수도권임에도 불구하고 대전, 대구와 비슷한 수준이다. 반면 중앙대 안성캠퍼스와 거리가 많이 떨어져 있지 않은 평택대 주변의 원룸촌 임대가는 일산이나 중동신도시의 원룸단지보다 높다. 강원도 강릉의 관동대 주변도 임대용 소형 아파트, 원룸 가격이 대전이나 대구의 대학가 원룸에 비해 평균 20% 이상 높다. 창원의 경남대 주변도 전국을 기준으로 할 때 임대가가 높은 편이다.

여기서 알 수 있는 사실은 지역적인 특성에 따라 매매가와 임대가가 획일적이지 않다는 사실이다. 결론적으로, 여러 지역을 다니면서 많은 물건을 접해보는 사람이 절대적으로 유리하다. 지역 별로 매우 다양한 시장이 존재하기 때문에, 원룸투자를 할 때는 전국적인 단위에서 시장을 파악하고 투자 물건을 물색할 필요가 있다.

10. 총 평

서울과 수도권 오피스텔의 매매가와 임대가, 지역적 특성, 임대 수요층에 대해 대략적으로 살펴보았다. 지역적으로 넓게 다루기는 했지만, 실질적으로 소액 투자가 가능하고 임대수익률이 높은 오피스텔 단지가 모여 있는 곳은 사실상 몇 곳에 지나지 않는다. 돈이 많거나 자산 포트폴리오 차원에서 수익률이 크게 문제되지 않는 사람들은 한강을 따라 늘어서 있는 용산, 강남, 성수, 뚝섬 등의 핵심권역을 선호할 수 있겠지만, 많지 않은 은퇴자금으로 노후생활자금을 마련해야 하는 대부분의 은퇴자들에게는 적당치 않은 투자지역이다.

소액의 투자금을 가진 사람들이 비교적 적은 비용으로 높은 수익률을 기대할 수 있으며, 매물도 풍부하고 유동인구가 많은 지역은 안산 · 시흥 지역, 중동신도시, 일산신도시, 수원시 인계 · 영통지구 정도다.

노후생활자금을 마련하는 데 있어서 저가의 주거용 오피스텔이 절대적인 가치가 있다고 말할 수는 없다. 그러나 지금의 투자환경에서는 은행과 보험사 등에서 판매하는 예 · 적금, 연금 상품으로는 단 한 푼의 가처분 소득도 얻을 수가 없다. 그나마 은행의 금융 상품과 안전성이 거의 동일하면서 몇 배 더 높은 수익률을 기대할 수 있는 상품이 저가의 주거용 오피스텔이라는 것이 나의 생각이다.

은행 금리가 낮아지면서 이자를 조금이라도 더 받아보겠다고 메뚜기처럼 이곳저곳 거래 은행을 옮기는 일은 노력에 비해 경제적 효과가 없다. 금리가 낮아지자 간접투자가 대세라고 말하는 자산운용사의 세치 혀에 놀아나서 해외펀드에 투자했다가 손실만 눈덩이처럼 커지는 사례들도 비일비재하다. 이런 상황에서 그나마 상대적으로 안정적이고 수익률이 높은 저가의 소형 오피스텔을 대안으로 제시하는 것이다.

많은 퇴직자들은 은퇴 후에 물 맑고 공기 좋은 전원에서 숙박시설을 운영하면서 돈도 벌고 여생도 즐기기를 기대한다. 이러한 니즈에 적합한 상품이 바로 펜션(pension)이다. 공교롭게도 이 펜션이라는 단어는 '연금'이라는 뜻이기도 한데, 유럽에서 은퇴자들이 민박경영으로 노후자금을 마련하는 것으로부터 단어가 유래했기 때문이다. 유럽에서 은퇴자들이 운영하는 펜션이라는 이름의 숙박시설은 연금처럼 일정한 소득이 꾸준히 발생하기 때문에 노후생활자금 마련에 적합하다는 의미라고 할 수 있다.

그러나 우리나라에서 은퇴 후 전원에서 펜션을 운영하려면 적게 잡아도 3~4억 원 이상의 돈이 든다. 게다가 요즘 펜션을 이용하는 여행객들의 눈높이를 감안하면 시설 투자비가 그 이상으로 들어가고 비수기에는 운용수입이 뚝 떨어진다. 안정적인 소득 확보 측면에서 문제가 있다. 관리에 들어가는 노동력도 만만치 않다.

그런 측면에서 볼 때, 소액을 투자해서 일정 기간 꾸준한 소득이 발생하는 저가의 주거용 오피스텔이 펜션보다 더 경제성 있는 노후준비 상품이 아닐까 싶다. 큰 돈이 아니더라도 매월 일정한 소득이 발생하면 마음도 편해지고 그 돈의 규모에 맞게 생활하게 된다. 얼마가 됐든 노년에 안정적인 소득이 있다는 것만큼 위로받는 일도 없다.

통계자료를 보면 창업시장에 뛰어든 사람들 중 중장년층의 실패율이 청년층보다 높다. 청년층에 비해 경험이나 자본에서 우위에 있지만 중도 포기자가 많은 탓이다. 사업에서 성공하려면 끝까지 버텨야 한다. 그러나 인생의 마지막을 지켜 줄 동아줄 같은 돈으로 사업을 하다보면 '이러다 실패해서 남은 돈까지 날리는 거 아닌가?' 하는 두려움이 생길 수밖에 없다. 일시적 위기일지 모르는 상황에 대한 두려움을 극복하지 못하고 중도에 포기한다. 사업을 중도에 포기한다는 건, 그 시점까지 들인 시간과 노력과 돈을 날리는 일이다. 남이 하니 나도 하겠다는 생각으로 섣불리 나섰다가는 큰 손실을 겪을 수 있다는 점을 염두에 두어야 한다.

은퇴 후 선택할 수 있는 여러 옵션 중에서 자신의 능력, 자본, 경험 등을 고려하여 후회하지 않을 선택을 해야 한다. 여생의 생명줄 같은 돈이다. 어떤 선택을 하든 신중해서 나쁠 것은 없다.

투자시장에서는 그 누구의 말도 믿지 마라. 어느 누구도 당신의 투자 결과를 책임져 주지 않는다. 상품이 무엇이든 직접 발로 뛰어 정보를 취득하고, 종합적으로 수익성과 안정성을 체크한 후에 투자하라.

박연수의 〈노후투자 즉문즉답〉에
독자 여러분을 모십니다.

卽問卽答

혼자서만 끙끙 앓고 있던 재테크 고민을
속 시원히 해결해 드리겠습니다.
아래 이메일로 궁금한 점을 문의해 주시기 바랍니다.

sdhksss@naver.com

월급처럼 꼬박꼬박 돈이 들어오는
1% 금리시대 노후투자법

초 판 1쇄 인쇄 2015년 7월 6일
　　　1쇄 발행 2015년 7월 10일

지은이　박연수
펴낸이　박경수
펴낸곳　페가수스

등록번호　제2011-000050호
등록일자　2008년 1월 17일
주　　소　서울시 노원구 화랑로 421 한일휴니스빌 1606호
전　　화　070-8774-7933
팩　　스　02-6442-7933
이 메 일　editor@pegasusbooks.co.kr

ISBN 978-89-94651-10-1 13320

ⓒ박연수, 2015.
이 책은 저작권법에 따라 보호받는 저작물이므로 무단 전재와 무단 복제를 금지하며,
이 책 내용의 전부 또는 일부를 이용하려면 반드시 저작권자와 도서출판 페가수스의
서면동의를 받아야 합니다.

이 도서의 국립중앙도서관 출판예정도서목록(CIP)은 서지정보유통지원시스템 홈페이지(http://seoji.nl.go.kr)와 국가자료공동목록시스템(http://www.nl.go.kr/kolisnet)에서 이용하실 수 있습니다.(CIP제어번호: CIP2015016928)

※잘못된 책은 바꾸어 드립니다.
※책값은 뒤표지에 있습니다.